aprender jugando

Tomo 2

aprender jugando

Tomo 2

Compilación y estudio preliminar
Alejandro Acevedo Ibáñez

 GRUPO NORIEGA EDITORES

México • España • Venezuela • Argentina
Colombia • Puerto Rico

© Alejandro Acevedo Ibáñez

Primera edición, agosto de 1984
Segunda edición, octubre de 1985
Primera reimpresión, septiembre de 1987
ISBN 968-6176-00-4 Colección completa
ISBN 968-6176-02-0 Tomo 2

Derechos reservados:

© 1993, EDITORIAL LIMUSA, S.A. de C.V.
GRUPO NORIEGA EDITORES
Balderas 95, C.P. 06040, México, D.F.
Teléfono 521-50-98
Fax 512-29-03

Miembro de la Cámara Nacional de la Industria
Editorial Mexicana. Registro número 121

Tercera edición: 1989
Primera reimpresión: 1990
Segunda reimpresión: 1991
Tercera reimpresión: 1993
Impreso en México
(11866)

ISBN 968-18-2164-5

aprender jugando

Tomo 2

ESTUDIO PRELIMINAR

*". . . enseñar es ser intermediario entre el
estudiante y el conocimiento, intermediario unas veces discreto, otras entusiasta y
otras autoritario, pero siempre destinado
a desaparecer".*

A. Touraine

En estas últimas décadas el juego, como vehículo didáctico, ha adquirido una importancia capital en la enseñanza y en el aprendizaje de niños, jóvenes y adultos; ese
"oasis de la felicidad", como lo llama Eugen Fink, se ha
venido a colocar en el centro de la reflexión metodológica
de esta actividad, que es la de propiciar conocimientos,
habilidades y actitudes. Sus posibilidades son múltiples y
ha demostrado su ductilidad para la optimización de resultados pedagógicos, con base en una mayor interiorización y
permanencia de contenidos en los participantes de los procesos formativos.

La dinámica vivencial o experiencia estructurada, es una
de las manifestaciones más acabadas en las que suele expresarse el juego en la formación; para su aplicación han surgido un sinnúmero de opiniones, en donde cada una le da
énfasis a un aspecto o a otro, según sea su enfoque; pero en
lo que casi todos los estudios coinciden es en que más
que una mecánica técnica operativa, se requiere de una
sensibilidad especial para que estas vivencias se lleven a
feliz término, con el mayor aprovechamiento por parte del
grupo de aprendizaje. Para tal efecto, a continuación pre-

sentamos un breve estudio con el enfoque que nos ha venido dando mejores resultados, tanto en nuestra propia fuerza instruccional, como en la formación de instructores y facilitadores de diversos medios.

Para empezar, hay dos factores claves para mejorar resultados en la aplicación de una dinámica vivencial o experiencia estructurada: I) el desempeño de aquél que coordina la realización del ejercicio, y II) ceñirse a un método de cognisción; sólo esto puede vencer la resistencia al uso de estas prácticas de enseñanza.

Es frecuente encontrarnos todavía con opiniones que tildan de inútiles, poco "serios" e "improductivos" a esos juegos que aparentemente tienen todos los visos de un simple pasatiempo. En mucho, estas opiniones, además de nacer de una preferencia por lo tradicional, se ven reforzadas, ocasionalmente, por el hecho de que algunas personas han padecido la aplicación inadecuada de una o varias dinámicas vivenciales en donde no se ha podido apreciar un verdadero y completo logro educativo que redunde en la satisfacción de haber aprendido algo tan interesante como aplicable a corto plazo.

Ante este estado de cosas, vale la pena el replantearse, aunque sea someramente, las características del desempeño que son requeridas en la aplicación y manejo de una dinámica vivencial, su perspectiva histórica, su evolución hasta nuestros días y su impacto en el ámbito de la enseñanza-aprendizaje. Así mismo, nos parece oportuno proporcionar algunas pautas para la realización metódica de tales juegos con la mira de transformarlos de supuestos divertimentos, en acabadas herramientas didácticas.

DE MAESTRO A FACILITADOR

Como una nueva alternativa de la enseñanza, el aprendizaje y la transmisión de conocimientos en general, han surgido los pequeños grupos de encuentro o laboratorios en las últimas cuatro décadas. Un esfuerzo de síntesis que se ha venido haciendo acucioso por los volúmenes de datos e información que el mundo moderno requiere para su propia transformación, es parte de la necesidad de ganar tiempo en la efectividad de los procesos sociales de la docencia.

Lo que se ha tratado de sintetizar son las experiencias previas por las cuales han pasado las sociedades en el comercio constante de su sobrevivencia en el medio. Se podría decir que son dos los momentos que tipifican, a manera de enclaves relacionales, la búsqueda de la cognisción transformatoria en Occidente: a) MAESTRO-DISCIPULO, b) PROFESOR-ALUMNO.

Uno de los mejores ejemplos que se pueden seleccionar para ilustrar la primera relación se da en la figura de Sócrates y sus discípulos. Un ejemplo para ilustrar la segunda relación se puede seleccionar de cualquier institución docente contemporánea. Ahora bien, en estos últimos cuarenta años se comienza a delinear un "nuevo" tipo de relación que se espera sintetice las dos anteriores, que al parecer comienzan a mostrar síntomas graves de obsolecencia; a esta forma de transmisión de conocimientos la podemos identificar bajo el núcleo relacional: c) FACILITADOR-PARTICIPANTE.

A continuación bocetaremos el cómo se aprecian las características de estos núcleos relacionales:

a) MAESTRO-DISCIPULO: Su rasgo esencial es el uso de la mayéutica para desarrollar la habilidad tanto del razonamiento como del manejo de la *intuición*. Esta relación trabaja en la permanente ampliación de lo que René Guénon llama el "horizonte intelectual" en su dualidad pensamiento-acto, dicho de otra manera, desarrolla la expansión de conciencia, proporcionando básicamente los fundamentos de la multiplicidad asociativa y la destreza en el manejo de las conexiones entre pensamiento y habla (idea y signo/imagen y palabra).

Su empleo se remonta a las más antiguas escuelas místicas de Oriente y nos llega ya tamizado a través del Occidente Naciente (Grecia), donde alcanza su esplendor en este hemisferio.

Aún en la Edad Media, esta relación la encontramos en los grupos gnósticos, alquimistas, esotéricos, cabalísticos, incluso gremios artesanales, etc. Sus vestigios más próximos se ubican en el siglo diecinueve, en la tradición gótico-ocultista que propició tanta literatura poética. La transmisión de conocimientos bajo esta relación, al parecer se encamina a la búsqueda de la comprensión verdadera, la sabiduría o autoconciencia: el encuentro del hombre en el mundo de la dimensión cosmogónica (para muchos metafísica) con fuertes reminiscencias místico religiosas. En la actualidad, este núcleo se inscribe dentro del llamado idealismo cognoscitivo.

b) PROFESOR-ALUMNO: Su rasgo esencial es considerarse como el mismísimo triunfo del racionalismo y en ello suponerse como el único camino de la cognisción, de ahí su exuberancia en el uso de la cuantificación de todo lo que rodea al hombre, sustentada en la creencia de que el conocimiento objetivo se da sólo a través de la percepción sensorial del individuo, por ello su afanoso combate de la duda con la mesura.

Esta relación trabaja en dos dimensiones paralelas: 1) La verificación de la experiencia perceptual, y 2) La representación significativa de la misma, merced a la elocuencia de la generalización.

Claro que estas dimensiones no cuestionan que la verificación de un hecho puede ser verdadera en función

VII

del hecho mismo, pero no necesariamente cierta en tanto teorización ejemplar de hechos similares.

Quizá la mayor contribución de esta relación, como muchos positivistas apuntan, es el haber propiciado la paulatina negación del conocimiento a través de la revelación, aunque con ello se haya negado incluso la cognisción autotéléquica.

La transmisión de conocimientos bajo esta relación promueve el entendimiento de las cosas como una mecanización de la manipulación física de causas para provocar algunos *efectos deseados*, sin tomar en cuenta secuelas subyacentes de ningún orden. Esto se debe, sin duda, al autoritarismo en que se fundamenta, pues amén de lo confrontativo que es el medir resultados, de que su estilo comunicativo suele ser en un sólo sentido, etc., los valores en los cuales se sustenta son la puntualidad, el orden, y sobre todo, la obediencia maquillada de disciplina, dado que estos son los valores que privan para que el hombre sea aceptado en el proceso contemporáneo de producción social.

En su origen tendió a promover un individualismo tan "libertario como igualitario", en el sentido que Steven Lukes plantea; sin embargo, hoy por hoy, se conforma con un individualismo tan "autónomo, como digno" le sea posible conseguir en el sentido de su rentabilidad social ya que, como dice C.B. Macpherson en el dilema del siglo veinte "... El individuo, en una sociedad posesiva de mercado, es humano en su calidad de propietario de su persona; su humanidad depende de su libertad de todo, salvo de sus relaciones contractuales interesadas con los demás; su sociedad consiste en una serie de relaciones mercantiles..."

Al parecer, la realidad social que legitimiza a este núcleo

relacional hace que a su vez éste la avale en una asociación con todos los visos de una complicidad soterrada; desde luego que esta cofradía no logra, por más que lo encubra, que las contradicciones y las contrariedades surjan manifestadas en una ansiedad que de tan permanente se resuelve en derrota, en pusilanimidad frente a un costo humano demasiado grande.

En otras palabras, este tipo de relación docente tiene toda la apariencia de funcionar bajo el presupuesto de que la sociedad avanza por vivir constantemente la contradicción individuo-grupo: atomismo-masificación.

Esta forma de relación es eminentemente pragmática y está inscrita, también, dentro del idealismo cognoscitivo.

c) FACILITADOR-PARTICIPANTE: Su rasgo esencial es el de propiciar en el ámbito de su ocurrir la disolución del binomio autoridad-obediencia merced a la creación de una atmósfera en donde fundamentalmente se trabaja sobre la emoción-sentimiento más que sobre el continente-contenido.

Considera que el aprendizaje es más una realidad de orden afectivo-actitudinal que una realidad de orden intelectivo-racional.

Se sustenta en la capacidad gregaria del hombre, en su habilidad cooperativa y en su destreza interactiva.

Propicia la "libre" expresión de emociones y pensamientos, por medio de solventar un clima de confianza. Promueve el incremento de la mutua aceptación emocional, sentimental, intelectual y física al minimizar la rigidez defensiva, innata en el individuo (según Abad Carretero), al disipar las sensaciones de "amenaza" al implantar paulatinamente, el sistema de retroalimentación a los niveles que sea menester.

En este núcleo relacional destaca por su importancia el énfasis que se le pone al aprendizaje en grupo: *por medio y a través de.*

Por ello es que se subraya el destacado papel que juegan conceptos tales como la participación, el involucramiento, la interiorización de procesos, el riesgo, la apertura, la volitividad, etc., resolviéndose en acción aquella profética premonición de Bertrand Russell, de la urgencia de propiciar e incrementar el *significado* de la vida cotidiana del hombre merced a la alta participación del individuo hacia el interior de sus grupos sociales.

Russel, como muchos de los filósofos europeos que escribieron en la posguerra, trató de recuperar el valor y sentido de la vida por medio del valor y sentido de la existencia: de la inmediatez existenciaria; la labor fue ardua, sus resultados extraordinarios, pues cuando se comenzó a hablar de que el existencialismo y el naturalismo habían muerto, efectivamente habían pasado a mejor vida: de discursos abstractos en libros voluminosos devinieron en cotidianeidad, devinieron en formas y modos de comportamientos necesarios, que gestaron, a su vez, movimientos sociales con las más diversas finalidades, cayendo casi todas ellas en lo que hoy se llaman las filosofías del *underground.* El grupo de encuentro (laboratorio, taller, grupo pequeño, etc.) del cual el núcleo relacional que tratamos es fundamento, es una de las realidades más sorprendentes a este respecto, pues a pesar de su singular procedencia se encuentra muy próximo a la institucionalidad social, quizá por el amplio aprovechamiento industrial que ha tenido, aunque en sectores todavía tradicionales la relación facilitador-participante es vista con recelo e incluso rechazada.

La transmisión de conocimiento bajo esta relación, busca la armonía sintética antes que la confrontación. La comunicación es dinámica y en todos los sentidos posibles. Los valores en los cuales se sustenta, todavía no definidos, por momentos se aproximan a los de la anterior relación por la "influencia" de la institucionalidad que gravita sobre este núcleo relacional, sin embargo, ya comienza a perfilar otros diferentes, imbuidos, en muchos casos, por una apreciación místico-oriental del hombre, en donde destacan más las ideas de hermandad, compañerismo, etc., que la simple productividad del hombre.

La tensión entre individuo y grupo, atomismo-masificación, de hecho no se encuentra resuelta, pero ha comenzado a plantear caminos que, aunque paradójicos y en ocasiones chocantes, son viables para el hombre en la sociedad contemporánea. Hay soluciones dignas del más acucioso análisis, por su complejidad y su tendencia. Por muchos rasgos, en algunos momentos, se inscribe dentro del idealismo cognoscitivo; labores como las de Armando Bauleo, Enrique Pichón-Riviere, Didier Azieu, etc., han recapturado la posibilidad de enfocarla desde otra perspectiva.

Estos núcleos relacionales, como puede verse, se realizan bajo una perspectiva de dominio: el que conoce y el que no conoce, el que orienta y el que no se encuentra orientado, el que coordina y el que es coordinado, etc., a pesar del esfuerzo conceptual que implica la designación "facilitador-participante", con toda la peculiar democracia lewiniana que sugiere, no se ha logrado romper con la relación guía-guiado, aunque los procesos de autogestión siguen, y al parecer, seguirán intentándolo.

Para gran parte de la sociedad esta situación pasa desapercibida por la supuesta necesidad de la directividad; supuesto que, aunque pocos lo cuestionan, no se ha logrado llegar a certeza alguna sobre el tópico, quizá porque gran parte de los esfuerzos del funcionalismo y el reduccionismo para mediatizar el análisis crítico de este supuesto han logrado desviar la atención a través de una abrumadora crítica al autoritarismo. Así pues, el estudio de la directividad y el autoritarismo se reduce normalmente al análisis del estilo de desempeño de la autoridad para "limar asperezas" y no en la posible confrontación de la supuesta necesidad directiva, porque aun tomando en cuenta algunas prominentes trabas sobre la autogestión y la no directividad (que suele presentarse bajo los cándidos ropajes de la imitación de modelos de comportamiento), el problema continúa sin grandes avances, en tanto que la relación de dominio tiene su aval y legitimador más poderoso en la estructura de la sociedad misma.

En efecto, mientras la estructura de la sociedad no cambie, la crítica a la necesidad directiva quedará resuelta, en el mejor de los casos, en hipótesis interesante y normalmente en imaginería banal de carácter utópico, porque suele ser difícil colegir algo de aquello que no existe. . . aún.

Ahora bien, en el terreno de la cognisción, el aprendizaje y la enseñanza, el dominio se transforma en proselitismo, y en consecuencia, en ideología, siendo en esto, dado el momento histórico que atravesamos, que instructores y facilitadores deberán poner particular atención; ya que su actuación a largo plazo tenderá a redundar en beneficio del análisis y la confrontación de la necesidad de la directividad. Estos personajes se encuentran en una posición privilegiada, pues el núcleo relacional en el que están inscritos, al no estar definido todavía, permite muchas posibilidades, siempre y cuando su ejercicio del dominio se comprenda dentro de una estricta autocrítica del liderazgo, en tanto compromiso ideológico, y una clara expectativa de su propio desempeño personal en tanto facilitador; a manera de un perfil de su comportamiento básico.

1. APUNTES PARA UN PERFIL DEL FACILITADOR

Tenemos pues, al plantear operacionalmente una aproximación de las características del facilitador, que éste es, ante todo, un líder; visto así, la teoría social del liderazgo nos presenta tres tipos más o menos invariables:

1. *Líder carismático*, suele encontrarse operando en agrupamientos sociales poco o nada institucionales, mejor conocidos como agrupamientos marginados (v.g. Gandhi, Jesucristo, etc.)

2. *Líder natural*, es aquél que opera en agrupamientos sociales (v.g. padre, madre, hermano, primogénito, jefe, cura, etc.), como mediador entre la realidad familiar (o intrínseca del agrupamiento) y la realidad externa; de aquí que se utilice también este término para todo aquel líder institucional que funciona como puente entre el interior del grupo y del mundo externo, o extragrupo.

3. *Líder estructural*, es aquél que normalmente es impuesto por circunstancias fortuitas a un grupo preestablecido y que normalmente detenta con mayor énfasis el binomio autoridad-obediencia. Es a este tipo de líder al que van dirigidos la mayoría de los estudios psicosociales sobre la tipología y estilos del liderazgo.

El facilitador *formalmente* es un líder estructural, pero para que su labor sea llevada a cabo de una manera real y eficaz, tiene que obligarse a lograr traspasar los límites tipificantes y lograr ser una combinación equilibrada (y plenamente aceptada por el grupo) del líder carismático y del natural.

Para poder lograrlo, el facilitador tiene que desarrollar, en el grupo, un clima psicológico de seguridad, donde gradualmente aparezcan: la libertad de expresión y el derecho al error, disminuyendo las actitudes defensivas. También debe propiciar la manifestación de emociones, sentimientos e ideas, incrementando la interaceptación afectiva de los miembros del grupo, tanto intelectual como físicamente.

Todo lo anterior genera forzosamente, un ambiente de confianza, donde su principal herramienta, como líder inicialmente estructural, es su capacidad de propiciar y generar procesos de retroalimentación —retroinformación y retrocomunicación— entre los miembros del grupo y entre el grupo y el mundo externo; cuestión ésta que le permitirá penetrar hasta el primer nivel o ámbito perimetral dentro de las dimensiones del grupo.

La estrategia que recomendamos para lograr un correcto manejo de la retroalimentación, consiste, siguiendo los términos de A. Bauleo, en tomar siempre en cuenta que ". . . un fenómeno grupal sólo se hace inteligible cuando se logran practicar en el mismo, cortes verticales analíticos de los aspectos tanto socio-ecomocionales como de la tarea que maneja el grupo". De manera que el facilitador se transforma en el observador imparcial que produce las fases y etapas del devenir operativo y de contenidos del grupo, situándose en un espacio vacío que funciona como espejo reflejante de la realidad del grupo y de cada uno de sus miembros, provocando una alza considerable de sus propios niveles de autoestima.

Kurt Lewin solía recomendar que no hay nada más práctico que una buena teoría. Para el facilitador, esto significa desarrollar su capacidad de abstracción y poder así presentar, de una manera general, los cortes verticales preanalizados. ". . . Dado que en la situación de aprendizaje grupal, el aprender aparece luego de una cierta resolución de lo grupal mismo, aunque posteriormente el proceso llegue a involucrar ambos términos y lleve en sí la necesidad de su concordancia. . ." (Bauleo). Dicho en otras palabras, esto no es más que el establecimiento de un sistema de relaciones interpersonales, donde el facilitador tendrá que demostrarle al grupo el hecho de que un sistema de relaciones interpersonales es también un proceso de aprendizaje y que hay que ubicarlo y evaluarlo, aunque aparentemente no se vincule con el tema.

El aprendizaje de cualquier tema o materia es una tarea en sí. El facilitador manejará tal tarea en dos momentos: como objetivo de aprendizaje y como vehículo de aprendizaje, presentándola como objetivo y medio. De esta manera, los cambios de conducta resultantes del proceso de facilitación serán mucho más significativos y perdurables.

La permanencia de un cambio significativo en la conducta de las personas se encuentra íntimamente relacionada con la actitud básica del facilitador en términos de sus expectativas, acerca de sí mismo y de los participantes en el proceso de aprendizaje. Esto es, el poner en práctica el hecho de que las personas hacen más a menudo lo que se espera de ellas que lo contrario, en tanto que el comportamiento está en gran medida determinado por reglas y expectativas que permiten prever, incluso predecir, cómo se comportará tal o cual persona en una situación dada, aunque no tengamos un conocimiento anterior de dicho individuo e ignoremos en qué difiere de los demás. Claro está que al existir una gran variedad entre los comportamientos, al facilitador le será más accesible el prever, con mayor seguridad, el comportamiento de una persona conocida que el de un desconocido.

Las expectativas o lo que espera el facilitador acerca del comportamiento y desempeño de los participantes conocidos, serán las más acertadas porque tiene acceso a la información del comportamiento anterior.

Por ello es fundamental que en los primeros movimientos del contingente de entrenamiento, tendientes a su propia formación como grupo en sentido estricto, el facilitador acelere su propio conocimiento de los participantes;

para tal propósito cuenta con una magnífica herramienta que es la Formación de la Comunidad de Aprendizaje: conjunto de instrumentos de exploración que lo acercarán a las dudas, creencias, deseos, resistencias, expectativas, etc., de los mismos participantes, poniéndolo al alcance de la predictibilidad acertada de esos comportamientos.

Las predicciones o profecías son, por sí mismas, un factor que determina el comportamiento futuro de otra persona. Así, por ejemplo, cuando se espera encontrar a una persona agradable, la manera en la que se le trata, desde un principio, puede volverle, de hecho, una persona más agradable todavía. De la misma manera, si se espera encontrar a una persona desagradable, la defensividad o agresividad con que de inicio se entabla contacto con ésta, propiciará que se convierta en una persona efectivamente desagradable.

Es decir, que la auto-realización de las profecías interpersonales, como la expectativa que tiene una persona sobre el comportamiento de otra, puede, sin pretenderlo, transformarse en una exacta predicción de un comportamiento a ocurrir, simplemente por el hecho de existir eso que se espera, como el facilitador podrá inhibir, por lo mismo, ciertas conductas por el hecho de no esperar que ocurran de alguna persona.

A esto, que se le ha venido llamando el Efecto Pigmalión, el facilitador no puede sustraerse desde el momento en que entre él y los participantes se establece la vincularidad y la pertenencia resueltas en una determinada nuclearidad comunicativa, en donde codificación y significado de todos los mensajes se desplazan y realizan en cualquier nivel de la percepción, ya como sujetos, ya como objetos.

Esta posición particularmente favorable que tiene el facilitador para influir tan decisivamente en los participantes, lo ubica en una encrucijada de orden ético, en donde él tendrá que elegir entre opciones que pueden llegar a ser contradictorias entre sí y para su propia forma de vivir y su concepción del hombre. ¿Quién lo legitimiza? ¿Quién lo justifica? ¿Su labor formativa requiere de legitimización o de justificación? ¿Es suficiente con enarbolar la idea del progreso? ¿Es suficiente con la "bondad" de la "humanística" actividad docente? Tal parece que nada de esto es suficiente para el plano ético, pues éste exige del facilitador una conciencia plena de lo que hace al estar frente a un grupo de formación, pues ningún tipo de enseñanza está exento de una fuerte dosis de proselitismo, como ya lo apuntamos más arriba. Proselitismo que no puede ser, por su propia naturaleza, ni imparcial, ni desinteresado.

¿Qué tanto sabe el facilitador del contexto e implicaciones del conocimiento que transmite a los participantes?

¿Qué marco referencial o mosaico cultural posee para inscribir dicho conocimiento y con ello darle sentido y valor a sus proposiciones ante los ojos de los participantes?

El facilitador no puede darse el lujo de nada más entender proposiciones, sino debe comprenderlas plenamente y ". . . sólo se comprende una proposición cuando se sabe, al mismo tiempo, cuál sería el caso si fuera falsa y si fuese verdadera. . ."

Por esto, al facilitador se le suele solicitar para emprender la tarea de formar a otros hombres, tal y como lo propone Pierre H. Giscard, que posee experiencia y conocimientos suficientes acerca del hombre en sus planos psicológicos y sociohistóricos, que sea un profesional de la formación en tanto facilitador-instructor apoyado en la permanente investigación de la didáctica, pedagogía, y andragogía, que conozca la materia o tema que va a ser aprendida y que ésta sea una real satisfacción de una especificada necesidad. Con estos requerimientos no por fuerza se resuelve el problema ético que se le plantea a él, pero por lo menos sí se aproxima a la congruencia personal ante sí mismo.

Pero hay también un segundo plano en donde requiere de congruencia, y este es frente a los participantes; para lograrlo debe procurar nunca considerar a estos hombres que se forman como medio o instrumento, buscando, en consecuencia, la adhesión y el convencimiento de las personas, no precisamente por medio de opiniones hechas, juicios de valor, o líneas de conducta ya trazadas, sino más bien, proporcionando a los individuos visiones de conjunto, lo más completas y objetivas que el método de razonamiento lógico correcto permitan, de manera que el facilitador propicie en el participante, al finalizar el proceso de formación, escoger libremente sus ideas y actitudes.

Esto, de asumirlo seriamente, obliga al facilitador a no actuar nunca a espaldas de los individuos que forma, a evitar ocultar a los participantes los objetivos que persigue su propio perfeccionamiento, de tal manera que prescribirá métodos y técnicas de formación que lleven consigo el riesgo de manipular conciencias.

Que lo anterior se reduce a una decisión meramente volitiva del facilitador, sí, es un hecho. Pero así como un profesional de la formación no puede obligar a comunicar a nadie ni utilizar para otros fines las informaciones obtenidas sobre los participantes en el proceso de formación, tampoco nadie lo puede obligar a ir en contra de sus convicciones.

INDICADORES DEL DESEMPEÑO DEL FACILITADOR

Si por indicador vamos a entender aquella realización de orden práctico llevada a cabo por una determinada persona, que nos muestra cuándo una responsabilidad está asumida por el individuo y cuándo no; para observar a un facilitador en acción, contamos con varios de estos indicadores.

No obstante, con el afán de no extendernos, sólo mencionaremos algunas de las pautas de comportamiento más significativas.

Se cuenta con dos grandes campos en donde se inserta el desempeño del instructor o facilitador en el momento de su actividad docente: a) el diseño y b) la conducción. El segundo campo de actividad se subdivide en elementos de tarea y elementos de relación:

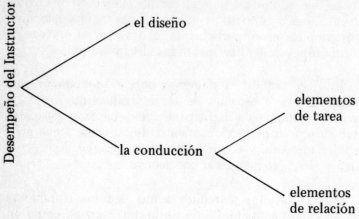

EN EL DISEÑO DESTACAN LOS SIGUIENTES PUNTOS:

La secuencia, prácticamente reflejada en el temario, evidencia el rigor lógico y coherencia racional con la que fue previsto el programa de actividades docentes; resalta por su importancia en este punto, la orientación pedagógica activa que normalmente puede estar basada en los principios que al respecto plantea Pierre H. Giscard. En suma, aquí se establecen el punto de partida, la dirección y la finalidad.

La involucración es el enfoque vivencial del propio programa, al anticipar, desde el inicio del evento formativo, las actividades que le corresponderán a cada participante durante todo el tiempo que dure el mismo.

El contenido lo forman los segmentos en que se subdivide la secuencia (comúnmente llamados temas); la estructuración de los mismos debe manifestar una íntima vinculación entre datos relevantes, y las vivencias a las que el punto anterior se refiere, cuidando de no generar más datos de los que pueden tratarse en extensión y profundidad conveniente, evitando pues, que puedan quedar cabos sueltos.

El procesamiento es el espacio y tiempo que el mismo diseño prevé para retroalimentar al comportamiento individual hacia el interior de la actividad formativa del grupo. Es el otro nivel en el que se da el aprendizaje, pues como Armando Bauleo apunta, el primer nivel del aprendizaje está dado en el tema (el qué), y el segundo en la interacción de los miembros del grupo que aprende (el cómo); es este segundo nivel el que da su carácter de totalización al aprendizaje, trabajando en los incidentes que el tratamiento de los diversos temas van suscitando en el plano de la vivencia.

La velocidad es el ritmo que aunque generalmente se le atribuye en forma directa a la calidad de conducción del facilitador, la realidad es que es parte esencial del diseño, dado sobre todo en los puntos de secuencia, involucración y procesamiento, porque estos son los elementos que prefiguran el rango en el que el *tiempo* puede fluctuar, de tal forma que la intensidad de ejecución se adecúa combinando la habilidad del facilitador y los efectos de la fatiga en el grupo. Así pues, los temas pueden mantenerse en forma ágil siempre y cuando la partitura sea lo suficientemente clara.

El desenvolvimiento de resultados. Tanto los grupos como los individuos incrementan su potencial de aprendizaje si el diseño del evento formativo en que participan les proporciona la oportunidad de ver, de manera evidente, el avance paulatino hacia los objetivos por alcanzar. No se trata de los resúmenes de conducción, que tocaremos más adelante, porque aunque estos son muy importantes, sirven para retroalimentar al facilitador, sino a la capacidad que cada uno de los participantes llega a desarrollar en términos de realizaciones y opiniones concretas, que cualitativamente no hubiese llevado a cabo o externado sin la vivencia en la que está involucrado.

La volitividad es el eje en donde giran los demás puntos que estamos tratando, pues apela directamente a la singularidad individual, que aunque sumada y haciendo grupo debe conservarse constantemente presente en el diseño —ya que no obstante ser, en última instancia, la consecuencia del grupo determinante en el resultado totalizador del aprendizaje del individuo— no cabe la menor duda de que, en primera instancia, lo que es sumamente importante lograr en los procesos de enseñanza es el incremento, variedad y diversificación de respuestas de hombres particulares en situaciones concretas. Así pues, el diseño concibe la voluntad del individuo como el excipiente de la responsabilidad del mismo, de ahí que se eviten formas anacrónicas de votaciones pseudodemocráticas, propugnando más bien, por formas de convencimiento y consenso, implícitas en la implementación del evento.

Las normas son las reglas del juego negociadas al inicio del evento y sujetas a reconsideraciones ulteriores. En el diseño se suelen establecer al principio del evento, tomando en cuenta un tiempo específico destinado a determinarlas con el grupo, por medio de un contrato o convenio de interacción grupal, en una sesión a la que se da el nombre de Formación de la Comunidad de Aprendizaje. Sin embargo, como estas normas decididas por el grupo tienen la finalidad de propiciar la espontaneidad, la participación, la responsabilidad, la apertura, en suma, la promoción de la capacidad de vivenciar el aprendizaje de manera plena y sin reticencias de los participantes, suele toparse, en el transcurso del proceso de enseñanza, con algunos escollos a manera de inhibidores del comportamiento del grupo o de

algunos de sus miembros, lo cual debe preverse en el diseño para mantener siempre un equilibrio dinámico entre
las normas y la autoexposición a la que están sujetos los
participantes.

Las constancias. Dentro del diseño es muy importante
prever qué tipo de ayudas didácticas son las más conve-
nientes para cada tema. Un elemento importante que hay
que tomar en cuenta es la frescura y espontaneidad con
que a los ojos de los participantes van apareciendo, aunque
en la formación enfocada profesionalmente no existe la im-
provisación propiamente dicha. Este punto es particularmente relevante porque las ayudas y apoyos para el aprendizaje son parte del ambiente en el que se aprende y éste,
las más de las veces, es factor determinante en la constitu-
ción del clima del grupo.

La flexibilidad. Todo diseño formativo es perfectible. No
existe todavía algo que se pueda llamar la fórmula óptima
del aprendizaje. Cada individuo y, en consecuencia, cada
grupo se erigen en fuentes de aportación de nuevas ideas y
enfoques para el tratamiento de cualquier tema.

Si un diseño formativo se presenta sumamente estructu-
rado y por consiguiente rígido, lo más probable es que algunos de los puntos anteriores no se cumplan a plena satisfacción en el momento de la realización del evento de
aprendizaje.

EN LA CONDUCCION DESTACAN LOS SIGUIENTES PUNTOS:

Los objetivos. Aunque ya implícitos en la secuencia del
diseño, el facilitador, en cada acción que acomete, va señalando los objetivos específicos que se persiguen en cada
una de ellas, evitando con esto, desviaciones. Este señala-
miento debe ser de preferencia gráfico, proporcionándose-

lo a los participantes en forma de constancia (hoja de rotafolio, hoja incluida en el documento base, etc.) [soporte de
tarea].

El plan de sesión. Considerando a la sesión como un seg-
mento autónomo y significativo de la secuencia diseñada,
el plan de sesión tiene como propósito señalar el cómo se
lograrán los objetivos; es un temario mínimo, que ayuda al
participante a visualizar el recorrido teórico-práctico que se
realizará para alcanzar cierta finalidad. Es en esta acción
que el facilitador se compromete, en un proceso lógico, a
deducir o inducir al grupo a una realidad específica de orden comprobatorio, demostrativo, reflexivo, etc., (soporte
de tarea).

El concepto rector es el enunciado globalizador en el
cual bordará el facilitador el desarrollo de una determinada
sesión. La propiedad más importante de este enunciado es
la de ser eminentemente sugestivo por sí solo, merced a lo
cual, el facilitador tiene la posibilidad de concretar la atención de los participantes. Suele recomendarse que en uno
de los rotafolios, de los dos en que debe trabajarse en un
evento formativo, se utilice la graficación llamada Mapa
Cerebral (soporte de tarea).

El interés. Quizá éste es uno de los rasgos de comportamiento que se presenta con mayor confusión, pues suele
mantener una íntima relación con la atención que se pueda
obtener del grupo de entrenamiento. Este factor se encuentra determinado desde el diseño del evento, en la selección
de técnicas y en el ritmo y preparación que se le dé a los
diversos temas que se requieran tocar en un encuentro formativo (soporte de relación).

La ayuda. Este factor más que una meta es una actitud
del facilitador. Es parte de su comportamiento global y la
única manera con la cual se cuenta para observar tal desempeño, es el análisis de la reacción de los participantes al
respecto (soporte de relación).

La ilustración y la clarificación de puntos. Siendo parte del anterior este factor, ciertamente es más observable, pues consiste en la habilidad del instructor de poder repetir una cuestión teórica o práctica con una amplia diversificación imaginativa, en favor del entendimiento y comprensión del participante (soporte de tarea).

El control del grupo, este factor es particularmente interesante de observar, pues de manera directa nos habla de la manifestación integral del facilitador: su enfoque didáctico tradicional (punitivo) o su enfoque didáctico vivencial (desarrollante). Hay en este tópico recursos que, al emplearlos el facilitador, automáticamente lo describen en uno u otro enfoque (soporte de relación).

El lenguaje. Aunque normalmente se sugiere el empleo de un lenguaje común y sencillo, vale la pena pensar cuál es éste, ¿el que domina la generalidad de las personas? o ¿aquél que se requiere para realizar eventos formativos? Si se supone correcto el primer caso, se tendría que convenir en el dominio del llamado lenguaje "común", es justamente el ámbito de la depauperación del mismo, inundado de tecnicismos en inglés y salpicado de usos incorrectos del español, no es precisamente la más educativa de las hablas. Por el contrario, en el segundo caso, al referirnos al habla requerida para la formación profesional, se hace hincapié, necesariamente, en un lenguaje particularmente edificante, con miras al enriquecimiento del vocabulario de los participantes, ya que es la flexibilidad del lenguaje, sus giros y matices, lo que en suma, determina la presencia discursiva de cada oficio o profesión. Por lo que nuestra recomendación es la de utilizar un lenguaje tan sobrio como sencillo, pero no por ello simplista o reductivo. No hay que confundir, pues, una lengua práctica con un argot o dialecto pragmático (soporte de relación).

La voz. Por excelencia del saber humano, manifestación viva del lenguaje. . . puede darse el caso de que el facilitador posea un magnífico vocabulario, que le proporcione matices y ricos giros, pero eso, aunque fundamental, no basta. Requiere, además, modular su voz. Hacerla atractiva, sugerente: tan embelesante como contundente. La monotonía sonora de una voz puede dar al traste con el mejor diseño de programa formativo. Es sugerente reflexionar que dada la importancia social de la palabra hablada, no hay un período prefijado de entrenamiento para manejarla adecuadamente en la formación individual. Para subsanarlo, vale la pena echar una mirada en los estudios de preparación técnica de los actores, de ahí se pueden tomar, y llevar a la práctica, buenos ejercicios para mejorar la modulación de la voz (soporte de relación).

El territorio. A diferencia del profesor tradicional, el facilitador lo emplea de manera altamente significativa, desde la simple demostración de la actividad de un proceso formativo moderno, hasta la regulación de la dinámica grupal. El concepto de territorialidad —de amplio uso en el análisis de la comunicación no verbal— en la facilitación, se destaca por su impacto en la enseñanza y el aprendizaje. Trátase, pues, de la acción más influyente sobre el comportamiento de los participantes en términos de gratificación y control, en la medida en que se da la interacción consciente por parte del facilitador entre las esferas de espacio vital individuales (soporte de relación).

Los resúmenes sistemáticos realizados a través de las palabras de los propios participantes son la mejor manera de verificar el avance y la comprensión del grupo, no precisamente en el plano de la evaluación de retención o repetición mnemotécnica, sino en la observación del manejo y aprehensión de ideas, o sea, en cómo las expresan y las hacen suyas. Hay que hacerlos oportunamente, a manera de cortes sintéticos dirigidos a la compilación y concentración de la tarea de aprendizaje (soporte de tarea).

El control del tiempo. Aunque muchos autores le dan

una relevancia singular, no hay que olvidar que se trata de una de las dos condiciones más severas en la sociedad industrial: "la puntualidad". Se arguye a favor del control del tiempo un sinnúmero de razones supuestamente pedagógicas o andragógicas; y pueden ser todas estas de alguna manera ciertas. Pero en la teoría y práctica del pequeño grupo de aprendizaje el concepto tiempo se reviste de una dialéctica fenoménica en su mismo ocurrir, tal y como Alberto E. Fontana nos lo refiere al plantear que es factible "... afirmar que —del mismo modo como lo hace con el espacio— el grupo efectúa una división esquizoide del tiempo [...] de esta manera se conforma un espacio-tiempo interno del grupo que es el verdadero elemento común entre sus miembros y que les otorga una identidad grupal. Así, una de las funciones principales del agruparse reside en la creación de este espacio-tiempo intragrupal constituye un límite peligroso al afuera. Esta ilusión compartida, por su fuerza emocional, constituye el elemento básico de cohesión en estos niveles de la vida grupal". Esto, en otras palabras, sugiere que el pequeño grupo de aprendizaje, al igual que otros agrupamientos sociales similares, se construye su propio ritmo temporal y éste puede ser aparentemente antipedagógico, pero altamente significativo y aprovechable para los miembros del grupo. En las ocasiones en que un grupo insiste y pondera especialmente la puntualidad tanto al inicio como al término de las sesiones, hay que cuestionar a la facilitación, pues ésta no logró ayudar al grupo a integrar su propio tiempo, distinto, necesariamente, al tiempo cotidiano del individuo (soporte de relación).

La verificación de objetivos se realiza al finalizar toda intervención porque aunque los objetivos de un determinado entrenamiento sólo son el cincuenta por ciento del esfuerzo del aprendizaje y la dirección de enseñanza, estos son la parte más concreta del proceso educativo, ya que el otro cincuenta por ciento lo constituyen las relaciones socioemocionales que se dan hacia el interior del pequeño grupo de aprendizaje, y éstas, como es natural son básicamente subjetivas, inaprehensibles a la medición cuantitativa. De ahí, que los objetivos de enseñanza-aprendizaje se suelen revestir de una acentuada importancia; verificarlos a los ojos de los miembros del grupo, permite que los individuos integrantes puedan apreciar los primeros cambios efectuados a través y a lo largo del evento formativo, como un preludio a cambios más significativos al momento de poner en práctica los comportamientos vivenciados en el proceso de enseñanza.

Para verificar las relaciones socio-emocionales, o sea, el otro cincuenta por ciento del impacto total del evento, es recomendable repasar y reflexionar sobre el contrato o convenio intragrupal fijado al principio del encuentro, tal y como se preve en las normas de los factores de diseño. Es importante esta revisión porque se puede enfocar al análisis de qué tanta asunción o rechazo hubo ante esas reglas grupales (soporte de tarea y relación). [Véase formato adjunto].

GUIA DE OBSERVACION DEL DESEMPEÑO
DEL FACILITADOR

DISEÑO DE LA INTERVENCION

	SI	NO	COMENTARIO
– Secuencia.			
– Involucración.			
– Contenido.			
– Procesamiento.			
– Velocidad.			
– Desenvolvimiento de resultados.			
– Volitividad.			
– Normas.			
– Constancias.			
– Flexibilidad.			

CONDUCCION DE LA INTERVENCION

	SI	NO	CONDUCTA OBSERVADA
– ¿Estableció rapport?			
– ¿Definió y presentó los objetivos?			
– ¿Hizo y presentó el plan de la sesión?			
– ¿Abrió la sesión por medio del Concepto Rector?			
– ¿Mantuvo el interés del grupo?			
– ¿Mostró conductas de ayuda hacia el grupo?			
– ¿Ilustró y clarificó los puntos?			
– ¿Control del grupo?			
– ¿Manejo de su lenguaje en relación al grupo?			
– ¿Moduló su voz?			
– ¿Aprovechó el territorio?			
– ¿Manejó resúmenes principales?			
– ¿Controló su tiempo?			
– ¿Verificó el logro de objetivos?			

IMPACTO EN EL GRUPO (OBSERVACIONES)

XXVIII

II. APUNTES PARA UNA REFLEXION DEL METODO DE COGNISCION O CICLO DE APRENDIZAJE

Se le llama método de cognición o ciclo de aprendizaje, de manera operacional, a la secuencia de estancias o pasos teórico-prácticos por los que atraviesa un proceso de enseñanza dirigido a deducir o inducir un aprendizaje más o menos inmediato y permanente. Hay muchos métodos y ciclos, y cualquiera es aplicable hasta el momento en que demuestre su inoperatividad o inflexibilidad estructural para trabajar temas y conceptos.

El tratamiento que se le da tanto a la totalidad de un evento formativo "moderno" como a la realización de una dinámica vivencial o experiencia estructurada, es exactamente el mismo; a las dos actividades concurren los mismos elementos: a) un contenido preestablecido, b) un desempeño de facilitación, c) un método de cognición o ciclo de aprendizaje, y d) una orquestación de estos elementos. Esto ciertamente no es una coincidencia, sino la reiteración de ciertos principios de carácter activo del núcleo relacional facilitador-participante, visto con anterioridad.

En el *Manual Anual 1981 Para Facilitadores de Grupo* de J. William Pfeiffer y John E. Jones, aparece un artículo intitulado *Ciclos de Aprendizaje: Modelos de Cambio Conductual*, de Alberto B. Palmmer, en el cual se hace un rápido repaso de seis teorías que contemplan la mecánica funcional de aprendizaje, que abarcan el lapso de 1960 a 1976. Como es natural, esta revisión se efectúa con materiales compilados en una determinada geografía, que, sin duda, levanta un sinnúmero de suspicacias sobre el funcionamiento y la parcialidad de tales visiones teóricas. El artículo no deja por ello de ser interesante, pero para aplicar los modelos que estudia en un contexto hispano hablante, se corre el riesgo de caer en un reduccionismo esquematicista, que de ninguna manera es compatible con el idioma español, cuyo núcleo epistemológico tiende a apartarse de los cánones positivistas, obligando al hablante, de alguna manera, a asumir un proceso de cognición cada vez más fenoménica en la medida que se adentra en el nombrar y ordenar el mundo de las cosas. Cuestión que no ocurre en el onomatopéyico y compendioso idioma inglés, bastante más cercano al pragmatismo.

El método que a continuación analizaremos se aparta visiblemente de los modelos anglosajones. Para ello nos hemos apoyado en las proposiciones lógico-cognoscitivas de Benedetto Croce y en las reflexiones metodológicas de Armando Bauleo, Enrique Pichón-Riviere, Didier Azieu Georgi Lozanov, etc. A esta aproximación metodológica se le ha dado en llamar la Espiral del Crecimiento Humano. Y decimos que "se le ha dado en llamar", porque son los propios grupos con quienes hemos trabajado este método desde 1978, los que así la bautizaron.

La Espiral del Crecimiento Humano no es un ciclo cerrado en sí mismo, prevé modificaciones cuantitativas y cualitativas, de manera que hace mucho énfasis en los cambios que realizan tanto el individuo como el grupo, en términos de la capacidad de respuesta que se puedan observar en los dominios o áreas de actividad: cognoscitiva, psicomotriz y afectiva; y este análisis sustentado en el estudio de la habilidad interactiva de los miembros del grupo de aprendizaje, ya que la respuesta que se busca, bajo este enfoque, es un cambio integral en donde ningún factor o aspecto convergente e involucrado en el desenvolvimiento social de la persona quede a la zaga con relación a los otros.

Ahora bien, de ningún modo pensamos que se deba soslayar o ignorar el problema implícito que plantea *la concepción de un método de cognición o ciclo de aprendizaje*, pues no cabe duda que el simple planteamiento, en primerísima instancia, nos está insinuando (insidiosamente) un corte o intento de demarcación entre lo que sería una teoría del aprendizaje y las teorías del conocimiento, como si se tratase de dos cosas totalmente diferentes. Esta separación que la pegadogía o andragogía funcionalista pretende, nos retrata de cuerpo entero a una sociedad industrial cuyo único afán es el de la parcialización permanente; la parcialización como vehículo del control social.

En efecto, este espejismo de separación no encubre más que una lamentable y confusa escisión que paulatinamente gestó el divorcio de filósofos y aquellos que recibirían el peculiar nombre de pedagogos (en su acepción moderna a partir de Locke, en el siglo XVII). Fenómeno que ya desde la escolástica tomista, y aún antes, se dejaba sentir. Y este fenomerio es en esencia más que el vehemente anhelo de algunos filósofos desmañanados de "cientifizar" el discurso filosófico; filósofos pues, como lo dice Nicolás Bardiaev, que ". . . han creído más en la ciencia que en la filosofía; y esa duda sobre sí mismos los ha llevado a no aceptar el conocimiento sino en cuanto supone la existencia de los hechos científicos [. . .] tendencia ilusoria hacia un ideal y hacia criterios que proceden de un dominio que no es el de ella (la filosofía) y que finalmente deben hacer de ella una esclava sometida a un amo extranjero. . ."

Querer haber supuesto que sólo existe una vía para el conocimiento y que ésta necesariamente es la de la razón científica, ha generado todo tipo de perturbaciones, que van desde una epistemología intransigente, lo suficientemente críptica a los ojos del hombre cotidiano, hasta un esquematicismo del aprendizaje lo suficientemente ramplón como para ser de real interés al ciudadano de todos los días, cuestión que, sin duda, alguien ha podido aprovechar de maravilla, y es curioso, la supervivencia de la especie humana, hoy más que nunca, depende del conocimiento del hombre y no precisamente como una acumulación tendiente a la interpretación de su realidad, sino como una depuración permanente que se resuelve en la sabiduría necesaria para transformar el mundo. Todos requerimos del conocimiento, pero sólo unos cuantos se muestran interesados por saber comprender el cómo conocemos y ciertamente es en ese saber en donde se encuentra la fuerza transformadora del conocimiento.

Por lo antedicho, es que hemos optado por una presentación de La Espiral del Crecimiento Humano que contemple un horizonte intelectual lo más amplio posible. Cuestión, por una parte, que al espíritu "cientiforme" le facilitará su trabajo de crítica, y por otra, al lector interesado en comprender las implicaciones teórico-cognoscitivas que encierra este modelo, lo aproximará a un grupo de reflexiones, a nuestro parecer, harto sugerentes.

Así pues, no hemos más que apuntado el problema implícito nacido de la concepción del método de cognición o ciclo de aprendizaje; el significado y contexto del mismo será tratado en otra oportunidad y en otro espacio que no puede ser éste, ya que es el de una breve introducción.

La Espiral del Crecimiento Humano no difiere mucho en el plano formal e incluso funcional cualitativo de los ciclos de aprendizaje que cita Palmmer, sin embargo, la diferencia básica que le distingue de otros modelos de aprendizaje es que desarrolla en sí misma la contradicción conocimiento-ideología, que tiende a sintetizar en el esfuerzo sófico también dialectizado, individuo-grupo; en otras palabras, las cargas de aprendizaje van y vienen del dato al contexto y del contexto al dato, merced al análisis permanente y simultáneo de la tarea y el proceso de aprendizaje, a través de la revisión de contenidos y formas que viajan en las expresiones individualizadas de un determinado grupo de entrenamiento.

Este brinco cualitativo, en el nivel gráfico, lo representamos rompiendo el círculo —quizá vicioso— con que se suelen describir los ciclos de aprendizaje. Y lo rompemos porque esa supuesta redondez del camino de asimilación de conocimientos, habilidades y/o actitudes, por sí sola descontextualiza a los objetos de aprendizaje, planteando a ultranza la preponderancia del objeto de enseñanza, vedando el camino a la simple posibilidad de que se manifestase un sujeto del aprendizaje, en tanto que los objetos a asimilar asimilan a sus asimiladores potenciales, justo en la medida en que no se señala una pauta diferencialista, que permita distanciar al educando de los objetos de educación y los propósitos de aprendizaje; ya que sólo impidiendo la alineación que se da en la asimilación acrítica, puede suponerse la existencia de un sujeto de aprendizaje.

Esta criticidad a la asimilación que apuntamos en el plano del grafismo, dentro de la enseñanza y del aprendizaje, adquiere una presencia desbordada cuando lo contextuamos en el proceso de la cognisción humana. Pues esta criticidad nada más se entiende en función de confrontar las cargas ideológicas del conocimiento que se promulga.

Dicho en palabras de Georges Lapassade ". . . la ideología es un proceso de desconocimiento social. Prohibe el acceso a la verdad, al conocimiento efectivo de la sociedad. El análisis de las ideologías —y de las instituciones que son siempre sus soportes— sólo se puede emprender a partir de una hipótesis sobre lo que no se ha dicho. . ." o como dijéramos nosotros hace algún tiempo ". . . es ese lado desconocido de todo conocimiento."

La sociedad, en su afán de supervivencia, genera instituciones que la sustentan de una manera más o menos estable, y esto le proporciona su capacidad instituyente de formas y contenidos sociales que devienen conocimientos específicos, que ya en individuos particulares se transforman en proceder y comportamiento. Pero, por lo mismo, sólo instituye conocimientos o permite que se instituyan con la condición de que la legitimicen, lo que salga de esta condición, en el mejor de los casos, sería mal visto. Aunque en último caso ". . . sin embargo, se mueve".

Un ciclo de aprendizaje conductista necesariamente tie-

ne que desentenderse de estas apreciaciones; no puede darse el lujo de proporcionar algo más que no sea una conducta específica.

La Espiral del Crecimiento Humano plantea al facilitador ir más allá de la mecánica de la conducta, pero incluso
le plantea rebasar el conocimiento como una mercadería
más del comercio de un mundo previamente instituido, en
el cual, el ser sujeto de aprendizaje, es por sí sólo un planteamiento que rivaliza ante las instituciones hasta la contradicción.

Pasemos a ver las estancias que están comprendidas en
la espiral, comparándolas con los ciclos que cita Palmmer,
para destacar estas diferencias. Lo primero que salta a la
vista es la similitud formal que se establece en el plano de
la búsqueda de la transferencia del ocurrir mental en el
ocurrir físico corpóreo. Tanto ciclos como métodos inten-
tan describir lo que sucede o imaginan que sucede en el acto de apropiarnos del aprendizaje o aprehender el objeto
de cognición, para reproducir tales condiciones en el ejercicio de la enseñanza. Sin embargo, valdría la pena revisar a
vuela pluma, método y ciclos. *(ver cuadro página siguiente)*

Ya apuntamos arriba, que el primer distingo se da en el
plano gráfico: los ciclos de aprendizaje suelen representarse
como círculos o elipses cerrados, en donde las estancias se
distribuyen en la curva. Los métodos de cognición suelen
expresarse en el desenvolvimiento de una curva en forma
de espiral, de manera tal, que ya en la mera disposición se
destaca que los contenidos y continentes de la cognisición
no son entre sí el fin último del esfuerzo de la enseñanza
sino la diferencia que se suscita en el sujeto que aprende.
Dicho en otras palabras, el ciclo cerrado no da cabida a la
conciencia de cambio que debe establecerse en la dialéctica
entre sujeto y objeto del aprendizaje, apareciendo con esto
mutatis mutandis, la alineación educativa en el individuo,
que socialmente se manifiesta en esa enajenación, mejor

COMPARATIVO DE CICLOS CONDUCTUALES DE APRENDIZAJE Y METODOS DE COGNISCION

CICLOS DE APRENDIZAJE CITADOS POR A. PALMMER

NEWEL 1960	INTELIGENCIA		DISEÑO		SELECCION		
MILLER 1950	IMAGINAR		PROBAR		OPERAR		
POUNDS 1969	SELECCIONAR UN MODELO O META	COMPARARLA CON LA REALIDAD	IDENTIFICAR DIFERENCIAS	SELECCIONAR UNA DIFERENCIA	CONSIDERAR SOLUCION ALTERNATIVA	EVALUAR LA CONSECUENCIA DE LA SOLUCION	SELECCIONAR UNA SOLUCION	EJECUTAR LA SOLUCION
KOLB 1971	EXPERIENCIA CONCRETA		FORMAR CONCEPTOS ABSTRACTOS Y GENERALIZAR		PROBAR IMPLICACIONES DE CONCEPTOS		
W. PFEIFFER Y J. JONES 1975	EXPERIMENTAR	PUBLICAR	PROCESAR		GENERALIZAR		APLICAR
ARGYRIS 1976	DESCUBRIR		INVESTIGAR		GENERALIZAR		

SE REPITE EL CICLO EN CADA NUEVO TEMA

METODOS DE COGNISCION

Autor			
ENRIQUE Y ALEJANDRO ACEVEDO 1978	ACTUAR	REFLEXIONAR	CONCEPTUALIZAR	APLICAR
B. CROCE 1912	PERCIBIR	REPRESENTAR	SINTETIZAR SIGNIFICATIVAMENTE	EXPLICAR, EL CURSO DE LO REAL

SE REINICIA EL METODO TAMIZADO EN LA DIFERENCIA DE UN ACTO A OTRO

SE REINICIA EL METODO TAMIZADO EN LA CONFRONTACION CON EL MUNDO A TRAVEZ DE PROPOSICIONES

XXXV

conocida bajo la forma del "mito mágico de la educación"; un "valor" lo suficientemente subjetivo como para prestarse a la manipulación más desenfadada.

Ahora bien, sabemos que estas consideraciones sobre el aspecto gráfico pueden provocar un sinnúmero de suspicacias, por ello nos parece oportuno enfocarlo desde la perspectiva del análisis comparativo entre el empirismo y la lógica del conocimiento dentro del conocer lógico.

En principio, independientemente de que el reinado del empirismo ha entrado desde hace ya algunas décadas, a su más grave crisis intestina por el grado de avance de la física cuántica por un lado, y por el otro, por el grado de avance de la escatología, el milenarismo y, en suma, la mística social desteologizada, hoy tan curiosamente en boga en los países industrializados y sus respectivas áreas de influencia; independientemente de esto, repetimos, el facilitador debe tener claro qué está pidiendo a los participantes que realicen física y mentalmente, cuando su proceso de enseñanza lo inscribe en un ciclo de aprendizaje o un método de cognisción.

Un ciclo de aprendizaje tiene una finalidad positiva que, dicho en pocas palabras, no es otro más que la de circunscribir un comportamiento dado en una conducta determinada con toda antelación. Contextuar dicha conducta es por demás poco significativo e innecesario, por no decir simplemente inconveniente. Sus miras son las de buscar aptitudes, injertando o transplantando motivos individuales supuestamente vocacionales, pero este proporcionar conductas aptas no es otra cosa más que adaptar individuos a un estado de cosas determinado.

En consecuencia, su criticidad gravitará sólo sobre la discrepancia o similitud ante la conducta esperada, velando el horizonte en donde la conducta, en tanto tal, adquiere significado histórico. La serialidad del ciclo de aprendizaje se

XXXVI

da por partida doble; por un lado, al repetirse, sistematiza la serie de conductas deseadas, y por el otro, la conducta, al trabajar sobre un patrón establecido, provoca semejanzas en las individualidades que proporciona, y favorece exclusivamente a la serialidad social de comportamientos individuales.

No obstante lo antedicho, reprobar pedante y arbitrariamente los ciclos de aprendizaje, amén de necia, es una tarea poco fructífera en el debate ideológico de la enseñanza, dado que es un hecho que los ciclos de aprendizaje se encuentran en un nivel diferente a los métodos de cognición dentro del desarrollo o evolución (SIC) del comportamiento social.

Retomando las reflexiones de Don Luis Abad Carretero, en *Una Filosofía del Instante*, a guisa de marco de referencia, él plantea una correlación indisoluble entre la forma de concebir al mundo y la temporalidad social en la que vive habitualmente el individuo, ya sea *motu proprio* o por imposición. Estas circunstancias aparecen en el devenir de las sociedades de manera "casi fortuita", asumiéndose como ritmos existenciarios a través de los cuales se interpreta o se comprende la vida.

Tres son los ritmos que Abad Carretero después más reiterativos, como, y en consecuencia, básicos; atribuibles directamente a comportamientos individuales en sociedades: el ritmo psicológico, el ritmo colectivo y el ritmo histórico, ubicados en un contexto del presente natural que es el tiempo que los distingue. *(ver figura siguiente).*

Don Luis Abad Carretero nos dice que ". . . para precisar los tres tiempos o ritmos señalados habremos de detenernos en los tres presentes correspondientes. El presente es lo esencial en el tiempo, es lo que crea, y con él surge el ser. Una vez aquél afirmado, queda fraccionado el contínuo del tiempo y se establecen el pasado y el futuro".

Así pues, son formas de vivencia la existencia con las cuales el individuo enfrenta su mundo. En consecuencia, es la subjetividad personal con la cual el sujeto se adentra y se explica su cotidianeidad, a diferencia de la objetividad del tiempo natural o astrológico, al cual simplemente se subordina.

De manera suscinta, el significado en términos de conocimiento inherente a estos ritmos sería el siguiente:

a) El hombre de ritmo psicológico es aquél que expresa en sí el *deseo*, en tanto que su presente no queda afirmado más que por el propio sujeto, de acuerdo con sus propios anhelos; creando con esto un ritmo personal de vida, fantástico, donde se realicen sus ansiedades, sus deseos, sus sueños, en fin, donde sea protagonista. "Mundo" por sí solo, descontextuado.

b) El hombre de ritmo colectivo, es aquel que expresa en sí la obligatoriedad en tanto que su presente rebasa a la esfera personal, imponiéndole el dejar de pertenecer, en función de que la atención se fija en los demás, o en la naturaleza externa que lo rodea; vive la sociabilidad sometido al tiempo que los relojes imponen a las relaciones interpersonales, y en consecuencia, su comportamiento está determinado por su habilidad para desempeñar el mayor número de papeles que le sea posible, en los cuales difícilmente será protagonista porque siempre será un personaje dentro de un contexto social dado, cuestión, que de hacerse consciente, puede llegar a exacerbarlo.

c) El hombre de ritmo histórico es aquél que expresa en sí la *creatividad* en tanto que ". . . de antemano ha pensado que el hombre es un defensor de toda la especie humana y tiene que forjar los elementos adecuados para su vivir [. . .] sale de la esfera angosta del individuo, familia o grupo para vivir en un ritmo de vida que no coincide ni con el psicólogico ni con el colectivo"; es un hombre que destaca, obligando a los demás a cambiar de hábitos, alternando la visión del pasado y produciendo inquietudes nuevas en función de que su actividad se da en la dimensión de la historicidad del mundo de las cosas, ya que le pone un acento de simbolismo o universalidad a sus actos, por humildes o grandiosos que estos sean.

Ahora bien, independientemente de que, como salta a la vista, haya una fuerte reminiscencia durkheimiana en este enfoque (el concepto de "ritmo de la vida social" de Emile Durkheim se encuentra demasiado próximo como para pasarlo por alto); inscritos dentro de este marco referencial, la deserialidad del ritmo psicológico y la serialidad del ritmo colectivo, casan muy bien con la supuesta "mecánica" del comportamiento, nivel en el cual se suele alentar el uso y abuso de los ciclos de aprendizaje, pues en esas esferas el reduccionismo positivista mantiene vivo su proyecto adaptativo del individuo. Un empeño por demás cuestionable en la sociedad contemporánea, que, hoy más que nunca, requiere del desarrollo creativo de nuevas soluciones, nacidas de todos sus miembros.

Así las cosas, el nivel en el cual se aplica un método de cognisción, necesariamente dentro del marco de referencia, apelará al tiempo o ritmo histórico, en tanto que su aserialidad propicie que el sujeto del aprendizaje se pueda distanciar de los objetos de aprendizaje, permitiéndole, o más bien, facilitándole, una contextualización cuya densidad específica estará dada en su propia historicidad; cuestión que por sí sola es, nos parece, harto saludable, sobre todo si se piensa que el fragor de la lucha entre los intereses individuales y colectivos nos ha envuelto en tal estrépito, que nos ha obnubilado la visión de la posibilidad de un programa común de reconstrucción de la humanidad para la supervivencia de la especie, de la que todos los hombres formamos parte.

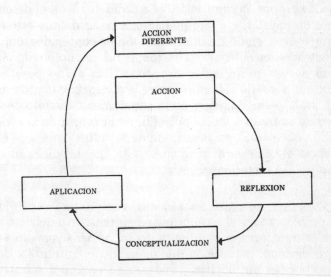

La acción es el inicio del método, ya que es el principio en el cual se basa cualquier juego, o como dijimos en la introducción al primer tomo del *Aprender Jugando*, "... la estructura del juego es de las pocas acciones humanas que

reducen su finalidad a su simple ocurrir. O sea, el propósito de la acción persigue exclusivamente a la acción misma, de tal suerte que la inmersión en la vivencia es *medio y
fin* al mismo tiempo. . .". La acción es la realización si-
multánea de la capacidad diferencialista del individuo, y
de la capacidad de distinción del sujeto que se ejercita en
el conocer.

Cuando invitamos a un individuo a actuar en una determinada estructura preconcebida, lo estamos invitando a
romper con su cotidianeidad. Los niveles de esta actuación pueden ser diversos dentro de un proceso formativo
dado, desde una simple lectura hasta la instrumentación
autorreveladora, pasando por una gama de posibilidades,
como pueden ser: la disertación, la mesa redonda, la discusión de grupos, la simulación, el estudio de casos, el desempeño de papeles, etc. Sin embargo, a pesar de que este nivel nos da el grado de interiorización de contenidos al que
puede acceder el sujeto, la acción, como tal, no pierde ninguna de sus propiedades vivenciales: esa *destemporaliza-
ción* que sumerje al hombre entre la distancia y la proximidad en la plena duración de lo simultáneo y distinto de su
yo y su sí mismo. Quizá por ello, en el origen de la civili-
zación occidental, en la cúspide de la cultura griega se encuentra el acto puro, afirmación ésta, que no niega su remembranza nietzchiana.

El actuar, en todos los órdenes, siempre ha constituido
un problema para el ser, porque en el transcurso del acto se
vive la transformación y, en tanto tal, el ser se pregunta si
es, o deviene; inquisición que de súbito lo enfrenta a dos
concepciones antológicas nacidas, a su vez, de dos instan-
cias ónticas "el ser o el hacer". Esta contrariedad suele
manifestarse a los ojos del observador avezado como una
flagrante contradicción, pero para aquél que actúa, generalmente es imperceptible. Mas es a raíz de esta dualidad
óntica que el acto es el camino de la autoconciencia, y en
consecuencia, la condición primordial de la cognición, o

expresado de otra manera: la vía privilegiada del autoaprendizaje.

Cuando se logra que uno o varios participantes de procesos formativos lleven a cabo tal o cual acción, el instructor o facilitador está propiciando el inicio del método, pero es nada más eso, sólo el principio; no hay razón para conformarse con ellos. Si él está involucrado con el grupo con el que le ha tocado trabajar y convencido de los contenidos que está proporcionando, tendrá que pasar a coadyuvar en la reflexión de las acciones que se realizaron (para una más amplia referencia del concepto de acción, léase lo correspondiente a la Ontología de lo Efímero en *El Libro del Buen Olvido*).

La reflexión en la segunda estancia de este método; es el bisturí merced al cual se puede diseccionar la anatomía de las acciones acaecidas hacia el interior de un grupo de aprendizaje, permitiendo el acceso al análisis del ser y el hacer. Un instructor o facilitador tendrá que desarrollar su habilidad retentiva de los sucesos significativos de acciones y reacciones que se susciten en una actuación dada. ¿Cómo hacerlo? para ello no hay recetas, porque lo primero que un coordinador debe aclararse a sí mismo es qué será para él significativo, en función de su tema, de su objetivo, de su mosaico cultural, de su ideología, etc. Amén de que para analizar un acto debe entrenarse en fijar y comprender las posibles estructuras de la acción, queriendo decir con esto, que la actuación al ser un simple ocurrir debe contemplarse, en primera instancia, bajo la óptica de marcos referenciales probables y, sobre todo provisorios, o sea, operacionales, para evitar caer en la dulce y siempre fácil tentación de la explicación pragmática. Estos marcos referenciales no son otra cosa más que la capacidad teórica del sujeto del análisis. Empero, el sujeto del análisis en un grupo de formación no es, precisamente, una singularidad sino una pluralidad; no es un yo, es un nosotros. Cuestión que hace de esta reflexión un espacio, válgasenos la metáfora, saturada de espejos, en donde las opiniones van y vienen, enriqueciéndose unas a otras, facilitando el surgimiento de contenidos inherentes a la acción; tomando en cuenta permanentemente que estos contenidos son sólo sesgos interpretativos de la acción y, en tanto tales, apreciaciones de una o dos personas o un grupo de personas, tanto si tuvieran oportunidad de actuar en el acto de referencia, como si se mantuvieran como observadores.

Es en el esfuerzo plural del "nosotros", cuando la reflexión requiere de su marco referencial por medio del cual se precise cómo es que se despejarán los "contenidos inherentes" haciéndolos valederos para todos los participantes. Las tendencias más frecuentes de este marco teórico se pueden resumir en dos:

a) Como actos que se entienden y algunas veces se comprenden a través de circunstancias fortuitas sobreindividuales, como pueden ser: la providencia, el destino, el numen, la suerte, la determinación histórica, el condicionamiento, etc.

b) Como actos que se entienden y eventualmente se comprenden a través de la situacionalidad intraindividual, como pueden ser: la intencionalidad y la motivación en cualquiera de las formas en que suele analizarse.

Estas posiciones se presentan en cada grupo de entrenamiento de manera diferente y matizadas; y es muy raro que las concepciones individuales acerca de la acción personal se manifiesten definidas de por sí. Por lo tanto, es labor del instructor el ir precisando paulatinamente el enfoque general del grupo para analizar y, en consecuencia, reflexionar sobre las acciones acometidas, dado que de esta precisión dependerá el ubicar el contexto de lo que interesa y se busca aprender.

La conceptualización es la tercera estancia de este método. Su vigor cognoscitivo está dado, en mucho, por la habilidad del facilitador en la decantación y depuración de los significados contenidos en las acciones ya reflejadas; esta criba tiene el propósito de ir directamente a lo esencial, proporcionando con ello el desarrollo de la capacidad sintética de los participantes de procesos de formación, que es el paso más importante de este método.

Desde luego, el facilitador que no puede ver lo esencial en las diversas aportaciones que aparecen en la reflexión discutida grupalmente, que es el paso anterior, estará en una posición muy difícil para realmente ayudar al grupo de entrenamiento; es más, se encontrará en la ambivalencia y en su grado de legitimización. Sin duda alguna irá desmereciendo a los ojos del grupo hasta su confrontación. Por otra parte, no le será factible destacar a lo significativo de manera tal que sugiera la síntesis conceptual por parte del grupo.

El principal escollo con el que se suele enfrentar en este paso, es que culturalmente se ha educado al individuo a través de un sinnúmero de definiciones, todas ellas con un dejo altamente maniqueo: esto es así y es bueno; esto es asado y es malo. Ahora bien, cuando el individuo tiene que crear su propio concepto, normalmente no tiene un parámetro claro para saber los alcances de la certeza que le puede aportar esta operación; ello, como es natural, puede ocasionarle una cierta ansiedad e, incluso, una aguda angustia, cuestión que se diluye bastante en un ambiente grupal enriquecedor. Pero de todas maneras la resistencia surge en él. No importa que él mismo haya vivido la acción que después sirvió de reflexión al grupo, llegar al concepto será la mayor dificultad para el participante. Se erigen, como grandes murallas, hábitos mentales muy difíciles de sortear; en este punto muchos instructores o facilitadores creen ayudar a los grupos de entrenamiento dándoles el concepto, concepto que a los oídos del grupo no será tal, porque necesariamente fungirá como una definición en virtud de que no fue descubierto por ellos y en consecuencia, vuelven a quedar como simples receptores de una aseveración.

En efecto, la conceptualización sólo satisfará plenamente su fuerza didáctica, a condición de que ésta surja, en principio, como el aserto de un grupo: como la realización asertiva de la capacidad de síntesis de cada integrante del mismo. Porque sólo desarrollando esta habilidad surgirán las pautas para la integración de una cultura de la metodología, accesible y presente en la vida social.

La aplicación es la cuarta estancia de este método. Sus alcances, amén de facilitar la transferencia de la teoría a la práctica, propician la alteración de patrones y hábitos de comportamiento; alteraciones que pueden llegar a la total transformación. El esfuerzo que se le pide al grupo que realice está enfocado como una segunda reflexión, pero tiene la peculiaridad de que en este paso, el grupo de entrenamiento ya cuenta con conceptos propios de los cuales se puede valer para comparar la anterioridad o el pasado, de una situación similar a la acción realizada y el posible futuro de la misma situación.

Es en este análisis temporal en donde aparecerán la creatividad individual y grupal de los participantes, ya que su presente, al ser ésta una segunda reflexión, le permite la distancia necesaria para que cualquier idea, por más lateral que parezca, sea enriquecedora para la forma y manera de acometer situaciones similares.

El escollo que normalmente surge es la posible confrontación entre pasado y futuro, pues es por demás común, anatemizar el allá y entonces como una defensa del presente o inmediatez individual. Sin embargo, esta dificultad es fácilmente superable en la medida en que el instructor o facilitador haya propiciado desde el principio de su intervención la interaceptación entre los participantes, por una parte, y por la otra, si su contexto teórico es lo suficientemente sólido y flexible como para promover enfoques creativos, aunque atenten contra su habitual enfoque personal.

CONCLUSION

La Espiral del Crecimiento Humano continúa en una nueva acción o lo que sería más exacto, en una acción diferente; y justamente esta diferencia se suma teórica y prácticamente a esa unidad dual que es el pensamiento y el acto, permitiendo con esto a los integrantes de un grupo de entrenamiento, elevarse al ámbito de lo abstracto-concreto para ejercitarse en la habilidad asociativa y conectiva que se realiza en el tránsito mental que va de lo general a lo particular y viceversa. Obviamente, esto será posible en la medida en que la combinación del desempeño y el método de un facilitador sea una realidad tan homogénea en sí como diferencialista en el ejercicio de la educación.

Alejandro Acevedo Ibáñez
Chimalistac, 1983.

BIBLIOGRAFIA

Abad Carretero, Luis
NIÑEZ Y FILOSOFIA
El Colegio de México
México, 1957.

UNA FILOSOFIA DEL INSTANTE
El Colegio de México
México, 1954.

Acevedo Ibáñez, Alejandro
*LA CUARTA PUERTA Y OTROS JUEGOS
ESCENICOS*
Organización Preludio
México, 1977.

APRENDER JUGANDO, Tomo I
Acevedo y Asociados, Consultores en Desarrollo Integral,
S.A. de C.V.
México, 1982.

EL LIBRO DEL BUEN OLVIDO
Acevedo y Asociados, Consultores en Desarrollo Integral,
S.A. de C.V.
México, 1982.

Azieu, Didier y **Martin, Jacques-Yves**
LA DINAMICA DE LOS GRUPOS PEQUEÑOS
Editorial Kapelusz
Argentina, 1978.

Azcuy A., Eduardo
EL OCULTISMO Y LA CREACION POETICA
Editorial Sudamericana
Argentina, 1966.

Bauleo, Armando
IDEOLOGIA, GRUPO Y FAMILIA
Ediciones Kargeiman
Argentina, 1974.

Brook, Peter
EL ESPACIO VACIO
Editorial Península
España, 1973.

Brown E., Mark
COMO POTENCIAR SU MEMORIA
Editorial Martín Roca
España, 1981.

Fink, Eugen
OASIS DE LA FELICIDAD
Cuaderno 23 del Centro de
Estudios Filosóficos, UNAM
México, 1966.

Fontana E. Alberto y Colaboradores
EL TIEMPO Y LOS GRUPOS
Editorial Vancu
Argentina, 1977.

Giscard, Pierre H.
*FORMACION Y PERFECCIONAMIENTO DE LOS
MANDOS INTERMEDIOS*
Editorial Sagitario
España, 1963.

Guenon, René
*INTRODUCCION GENERAL AL ESTUDIO DE LAS
DOCTRINAS HINDUS*
Editorial Losada
Argentina, 1945.

Lapassade, Georges
GRUPOS, ORGANIZACIONES E INSTITUCIONES
Guernica Editores.
España, 1977.

Levi, Eliphas
HISTORIA DE LA MAGIA
Editorial Más Allá
España, 1922.

Lozanov, Georgi, y Otros
SUGGESTOLOGY AND OUTLINES OF SUGGESTOPEDY
Publishers Inc.
Estados Unidos, 1980.

Lukes Steven
EL INDIVIDUALISMO
Editorial Península
España, 1975.

Macpherson, C.V.
LA TEORIA POLITICA DEL INDIVIDUALISMO POSESIVO
Editorial Fontanella
España, 1970.

Mailhiot, Bernard
DINAMICA Y GENESIS DE GRUPOS
Editorial Marova
España, 1980.

Pfeiffer W. y Jones J.
THE 1981 ANNUAL HANDBOOK FOR GROUP FACILITATORS
(Artículo Citado: Learning Cycles: "Models of Behavioral Change", Albert B. Palmmer p. 147), University Associates, Inc).
Estados Unidos, 1981.

L

Pichon, Enrique
TEORIA DEL VINCULO
Ediciones Nueva Visión
Argentina, 1979.

Racionero, Luis
FILOSOFIAS DEL UNDERGROUND
Editorial Anagrama
España, 1980.

Rogers, Carl
GRUPOS DE ENCUENTROS
Amorrortu Editores
Argentina, 1979.

Rosenthal, R. y Jacobson, L.
PYGMALION EN LA ESCUELA
Editorial Marova,
España, 1980.

Russell, Bertrand
AUTORIDAD E INDIVIDUO
Fondo de Cultura Económica
México, 1973.

Touraine, Alain
CARTAS A UNA ESTUDIANTE
Editorial Kairós
España, 1977.

Vatier, Raymond
*DESENVOLVIMIENTO DE LA EMPRESA Y
PROMOCION DE HOMBRES*
Editorial Omega
España, 1962.

Wittgenstein, L.
CARTAS A RUSSELL, KEYNES Y MOORE
Editorial Taurus
España, 1979.

AGRADECIMIENTO

Hay muchas personas a las que les debo un reconocimiento muy amplio por el entusiasmo y la colaboración con que me han apoyado para la realización de esta nueva compilación, por sugerencias o informes sobre algún ejercicio en particular, como: Marco Antonio Cadena Castelán, Jorge Raúl Torres Tejera, Omar Fernández Ramos, Marga Pérez Rivas y muchos otros amigos que me han favorecido con sus opiniones o, como en el caso de muchos participantes de nuestros procesos de entrenamiento, que al realizar los ejercicios nos han hecho notar aspectos que permitieron perfeccionar estas herramientas.

Dos personas quisiera destacar por el impacto de sus aportaciones en esta compilación: Alba Florencia López Martín, mi esposa, que leyó la totalidad del manuscrito, haciendo amplias acotaciones que redundaron en beneficio del mismo, incluso algunos ejercicios que diseñó para un programa especial de entrenamiento han sido adicionados en este libro, y Enrique Manuel Acevedo Ibáñez, mi hermano, cuyos comentarios y pláticas sobre el avance de su investigación acerca de la Tecnología para el Aprendizaje Acelerado, sirvieron para afinar muchos de estos ejercicios.

A todos ellos, pues, vaya mi más profundo agradecimiento.

ADVERTENCIA AL LECTOR

A un lustro de haber aparecido el primer tomo de esta obra, presentamos su continuación en este segundo volumen. El propósito sigue siendo el mismo: proporcionar a instructores y facilitadores de programas de formación de recursos humanos una nueva compilación de dinámicas vivenciales o experiencias estructuradas que, amén de retomar nuevamente el aspecto lúdico del aprendizaje (o sea, el aprender jugando), les auxilie: a) en el manejo de los enclaves del proceso que se generan hacia el interior de cada grupo de aprendizaje, b) en el diseño y estrategia para el tratamiento de una tarea de aprendizaje, y c) en el desarrollo de habilidades de los participantes para que ellos, a su vez, puedan aplicar estas dinámicas vivenciales en la formación y mantenimiento de equipos de trabajo.

Además de los rubros que en el tomo anterior aparecieron en el índice analítico, a manera de agrupadores de los ejercicios, hemos aumentado uno más, denominado *Clausura*, en donde se contemplan algunas experiencias que ayudan a concluir procesos de entrenamiento de forma amable y reflexiva, apoyando con ello los compromisos de cambio personal inherentes a la aplicación y uso de esta tecnología de la formación de adultos de corte activo.

En este segundo tomo hemos preferido compilar ejercicios que requieren menos preestructuración, en términos de elaboración previa de materiales, de manera que pueda ser más espontáneo su uso en laboratorios o encuentros formativos, cuestión que por sí sola demanda una mayor frescura en el coordinador de la experiencia y una mayor precisión en la realización de la misma.

INDICE ANALITICO

RUPTURA DE HIELO

RUPTURA DE HIELO

Ejercicio	Usos	Duración: min.	Tamaño del Grupo	Página
Bolsillos Vacíos	Util en ruptura de hielo con una alta involucración mediante comunicación interpersonal.	45	18 personas	38
Presentación Cruzada en Primera Persona	Promueve el conocimiento personal en grupos recién integrados.	75	18 personas	41
Detección de Expectativas	Determina la esperanza de cada participante hacia el evento formativo.	30 a 45	Ilimitado	44
Interioridades	Ayuda al conocimiento interpersonal en el principio de un evento.	35	18 personas	46
Cinco Sentidos Autoevaluativos	Mediante la reflexión por retroalimentación	45	Ilimitado	53

RUPTURA DE HIELO

Ejercicio	Usos	Duración: min.	Tamaño del Grupo.	Página
	profunda que se utiliza en grupos con experiencia formativa.			
Presentación sin Palabras	Ayuda a romper el hielo mediante la involucración activa y profunda de cada uno de los participantes.	60	12 a 16 personas	64

DESARROLLO DEL CONOCIMIENTO GRUPAL

Dos Renglones	Permite el intercambio emocional y el fortalecimiento de la autoimagen en los participantes.	35	18 personas	48
Cantando	Permite la interrelación de los participantes y su grado de cohesión.	90 a 180	Ilimitado	50

DESARROLLO DEL CONOCIMIENTO GRUPAL

Ejercicio	Usos	Duración: min.	Tamaño del Grupo	Página
Cinco Sentidos Autoevaluativos	Propicia la identificación y el conocimiento entre los miembros de un grupo.	45	Ilimitado	53
El Tapete Humano	Elimina la rigidez, favoreciendo la interaceptación entre los participantes.	15	18 personas	59
Interioridades	Implanta un método muy ameno y cordial de llegar al conocimiento interpersonal.	35	18 personas	46
Bolsillos Vacíos	Explora el comportamiento íntimo de las personas.	45	18 personas	38
Cuento en Cascada	Desarrolla la cohesión	90 a 120	16 personas	77

DESARROLLO DEL CONOCIMIENTO GRUPAL

Ejercicio	Usos	Dura-ción: min.	Tamaño del Grupo	Página
	grupal mediante la fantasía individual.			
La Danza de los Mamuts	Cohesiona a un grupo utilizando el sentimiento de ridículo en actuaciones personales.	30	20 personas	135
La Aventura	Permite el conocimiento grupal por medio de la autoimagen.	60	18 personas máximo	68
Integración	Para integrar a un individuo y observar rápidamente la reacción del grupo.	30	16 a 18 personas	143

COMUNICACION INTERGRUPAL

Ejercicio	Usos	Duración: min.	Tamaño del Grupo	Página
Presentación de Bebés	Ayuda al análisis de la comunicación no-verbal en condición de resistencia al cambio.	20	16 personas	62
Presentación sin Palabras	Desarrolla la capacidad comunicativa de una manera creativa.	60	12 a 16 personas	64
Lectura Interrogativa.	Ayuda a interpretar de una manera analítica cualquier material que sea leído y que cause controversia.	20	18 personas máximo	66
La Aventura	Permite descubrir potencialidades comunicativas en los participantes.	60	18 personas máximo	68

COMUNICACION INTERGRUPAL

Ejercicio	Usos	Duración: min.	Tamaño del Grupo	Página
Unos contra Otros	Analiza el efecto de la comunicación en la entrevista, retroalimentándolo.	50	25 personas máximo	70
Hechos y Opiniones	Estudia los elementos que influyen en la comunicación y su integración a las relaciones humanas.	45	18 a 20 personas	72
Masajes	Analiza las reacciones ante los contactos no verbales.	60 a 90	Ilimitado, pero divisible en grupos de 6 personas.	74
Cuento en Cascada	Observa las verbalizaciones, producto de la capacidad imaginativa.	90 a 120	16 personas	77
Confianza	Explora las defensas verbales ante	40	18 personas máximo.	81

COMUNICACION INTERGRUPAL

Ejercicio	Usos	Dura-ción: min.	Tamaño del Grupo	Página
	una acción colectiva.		6 personas mínimo	
Rompecabezas	Analiza los elementos verbales en la solución de tareas.	45 a 60	Ilimitado	160
Tópicos Futiles	Permite el desarrollo de la capacidad verbal imagi-nativa.	20 a 30	20 personas máximo	84
El Bueno, El Malo y el Otro	Ejemplifica vivencialmen-te las diferen-cias entre in-terrogatorio, discurso y conversación.	60	Ilimitado	86
Comunicación Frustrada	Ayuda a explo-rar las reaccio-nes interferen-tes a la comu-nicación.	30	16 personas	88

COMUNICACION INTERGRUPAL

Ejercicio	Usos	Duración: min.	Tamaño del Grupo	Página
Construcciones Familiares	Ejemplifica los códigos de comunicación que establecen en un grupo.	120 a 180	Equipos de 5 a 6 personas	105
Cantando	Analiza el desarrollo autoexpositivo frente a un grupo	90 a 180	Ilimitado	50
Panel TV	Ayuda al estudio de los argumentos disidentes.	30	18 personas	179
Días de la semana	Provoca una sensibilización hacia los argumentos que se dan en una situación de competencia.	Variable	18 a 36 personas	182
Taxi Espacial	Analiza el manejo de argumentos.	30	20 personas	167

COMUNICACION INTERGRUPAL

Ejercicio	Usos	Duración: min.	Tamaño del Grupo	Página
	en una situación desesperada.			
El Ovillo Kinestésico	Determina elementos de la comunicación no-verbal.	20 a 30	20 personas	103
En Tierra de Ciegos...	Cuestiona los códigos que se utilizan en ausencia de otros elementos de comunicación.	40	20 personas	112
Alebrijes y Quimeras	Desarrolla fundamentalmente la habilidad de la comunicación no verbal.	80	16 a 18 personas (pares)	114

COMUNICACION INTERPERSONAL

Presentación de Bebés	Permite el acercamiento evitando	20	16 personas	62

COMUNICACION INTERPERSONAL

Ejercicio	Usos	Duración: min.	Tamaño del Grupo	Página
	el uso de palabras.			
Charadas	Analiza los elementos de comunicación no-verbal en la interrelación humana.	30	30 personas máximo	90
Ascenso concedido o Denegado	Establece la relación de la entrevista de evaluación con elementos verbales y no-verbales.	40	25 personas máximo	92
El Candidato	Estudia elementos involucrados en la entrevista de selección.	60	30 personas máximo	96
Pidiendo Trabajo	Observa el desenvolvimiento del entrevistador.	40	25 personas máximo	98

COMUNICACION INTERPERSONAL

Ejercicio	Usos	Dura-ción: min.	Tamaño del Grupo	Página
Perfiles Plurales	Se analizan los elementos gráficos de comunicación colectiva.	90	Ilimitado	100
El Ovillo Kinestésico	Analiza la comunicación no-verbal en el desarrollo de un equipo de trabajo.	20 a 30	20 personas máximo	103
Recursos Desiguales	Cuestiona la comunicación que se establece en tareas grupales.	30	Ilimitado	175
Prejuicios Inconscientes	Permite estudiar las múltiples defensas verbales que pone el ser humano como barrera al cambio de actitudes.	30	Ilimitado	150

COMUNICACION INTERPERSONAL

Ejercicio	Usos	Duración: min.	Tamaño del Grupo	Página
Bolsillos Vacíos	Propicia la comunicación interpersonal como un medio de involucración.	45	18 personas	38
Topografía de los Recuerdos	Cuestiona los argumentos personales que modelan los motivos.	Versión individual 120 a 240 Versión grupal 60 a 120	15 a 20 personas	145

LIDERAZGO

Ejercicio	Usos	Duración: min.	Tamaño del Grupo	Página
Construcciones Familiares	Permite observar aspectos intrínsecos de liderazgo en tareas grupales.	120 a 180	Equipos de 5 a 6 personas	105
En Tierra de Ciegos. . .	Permite el estudio de algunos tipos de liderazgo en situaciones de stress.	40	20 personas	112

LIDERAZGO

Ejercicio	Usos	Duración: min.	Tamaño del Grupo	Página
Alebrijes y Quimeras	Determina el tipo de conductas que desarrolla el individuo en comunidad.	80	16 a 18 personas (pares)	114
. . .Según el Cristal con que se Mira	Detecta las personalidades más firmes y significativas.	35	18 personas	120
Estatuas	Brinda elementos para estudiar la dinámica del liderazgo.	60	12 personas	122
Recursos Desiguales	Explora las conductas de liderazgo que se desarrollan en las tareas grupales.	30	Ilimitado	175
El Legado	Cubre los elementos de liderazgo en grupos de poder y competencia.	30	Ilimitado	170

SENSIBILIZACION

Ejercicio	Usos	Duración: min.	Tamaño del Grupo	Página
Solidez	Permite fortalecer la autoimagen que pueda estar dañada en el evento de formación.	30	16 a 18 personas	126
Génesis de la Motivación	Posibilita el conocimiento de las motivaciones que mueven al hombre.	90	20 personas	128
Línea de Vida o Historia Existencial	Muestra un panorama muy claro y sensibilizador del proceso vital del participante.	60 a 120	18 personas	130
Reacción en Cadena	Reestimula extraordinariamente a	15	16 a 18 personas	133

16

SENSIBILIZACION

Ejercicio	Usos	Duración: min.	Tamaño del Grupo	Página
	un grupo cansado o pesado.			
La Danza de los Mamuts	Analiza el proceso de aceptación o resistencia al cambio de actitudes.	30	20 personas	135
Abrazo Dimensional	Utiliza la expresión física como punto de análisis del sentimiento de confianza.	15	12 a 16 personas	137
Intención y Querer	Permite autoanalizar los motivos personales de acción.	60	12 personas ideal	139
Alambres y Etiquetas	Ayuda a manejar las experiencias como forma básica de crecimiento.	180 a 240	12 a 16 personas	141

SENSIBILIZACION

Ejercicio	Usos	Duración: min.	Tamaño del Grupo	Página
Integración	Analiza las reacciones emocionales ante situaciones novedosas.	30	16 a 18 personas	143
Topografía de los Recuerdos	Estudia los motivos como producto de vivencias íntimas.	Versión individual 120 a 240 Versión grupal 60 a 120	15 a 20 personas	145
La Seguridad	Permite el análisis de la seguridad como motivo existencial.	30 a 40	Ilimitado	147
Prejuicios Inconscientes	Auxilia en el manejo de la aceptación emocional de cambios de actitudes.	30	Ilimitado	150
Reporteando	En la detección de motivos y perfiles de acción en los parti-	120	Máximo 20 personas	153

18

SENSIBILIZACION

Ejercicio	Usos	Duración: min.	Tamaño del Grupo	Página
	cipantes está su análisis.			
Masajes	Analiza la reacción de las personas en cuanto se reciben sensaciones tactiles.	60 a 90	Ilimitado pero divisible en subgrupos de 6.	74
Derechos Asertivos	Explora los procesos de autoafirmación y autoconfianza del participante.	50	Ilimitado	108
Presentación de Bebés	Posibilita la libre expresión de sentimientos y la integración de los participantes.	20	16 personas	62
Cantando	Ayuda a perder el miedo al ridículo y a la autoexposición.	90 a 180	Ilimitado	50

SENSIBILIZACION

Ejercicio	Usos	Duración: min.	Tamaño del Grupo	Página
El Tapete Humano	Un ejercicio que brinda una total relajación emocional.	15	18 personas o menos	59
Cinco Sentidos Autoevaluativos	Permite la autoevaluación y el análisis de grupos y preferencias.	45	Ilimitado	53
Confianza	Ayuda a observar claramente el grado de confianza que existe en un grupo de participantes.	40	Máximo 18 personas Mínimo 16 personas	81

TOMA DE DECISIONES EN GRUPO

Ejercicio	Usos	Duración: min.	Tamaño del Grupo	Página
Rompecabezas	Estudia la cooperación en la resolución de tareas grupales.	45 a 60	Ilimitado	160

TOMA DE DECISIONES EN GRUPO

Ejercicio	Usos	Duración: min.	Tamaño del Grupo	Página
Taxi Espacial	Permite observar las reacciones emocionales que permiten u obstruyen la toma de decisiones.	30	20 personas	167
El Legado	Ayuda a tomar conciencia de la dificultad que implica el ponerse de acuerdo.	30	Ilimitado	170
La Danza de los Mamuts	Cuestiona sobre los acuerdos que se logran en una situación ridícula.	30	20 personas	135
Perfiles Plurales	Básicamente analiza la importancia de los acuerdos no-verbales.	90	Ilimitado	100

TOMA DE DECISIONES EN GRUPO

Ejercicio	Usos	Duración: min.	Tamaño del Grupo	Página
Construcciones Familiares	Analiza la capacidad de ponerse de acuerdo en función de planear y organizar tareas.	Mínimo 120	Equipos de 5 a 6 personas	105
Retroalimentación Cruzada en Primera Persona	Incrementa la interaceptación hacia el acuerdo en la realización de tareas.	Variable	18 personas	199

COMPETENCIA

Ejercicio	Usos	Duración: min.	Tamaño del Grupo	Página
Recursos Desiguales	Facilita el estudio del comportamiento inter e intragrupal	30	Ilimitado	175
Panel TV	Propicia el autoanálisis de los desacuerdos interpersonales.	30	18 personas	179

COMPETENCIA

Ejercicio	Usos	Duración: min.	Tamaño del Grupo	Página
Días de la Semana	Desarrolla el análisis de la cooperación en un escenario de competencia.	Variable	18 a 36 personas	182
Solidez	Permite retroalimentar la posición que se toma en un grupo fuertemente escindido.	30	16 a 18 personas	126
Comunicación Frustrada	Posibilita sondear la resistencia a la adversidad.	30	16 personas	88
Estatuas	Genera un desarrollo de la competencia intragrupal e interpersonal muy interesante de analizar.	60	12 personas	122
Rompecabezas	Muestra las interaccio-	45 a 60	Ilimitado	160

COMPETENCIA

Ejercicio	Usos	Duración: min.	Tamaño del Grupo	Página
	nes que se dan en la resolución de tareas intra e intergrupales.			

RETROINFORMACION

Ejercicio	Usos	Duración: min.	Tamaño del Grupo	Página
Retroalimentando el Desempeño	Permite analizar las diferencias entre la propia percepción y la percepción de los demás.	60	18 personas máximo	185
Retroalimentando la Participación	Permite la retroalimentación de manera estructurada y la calidad de participación.	40	20 personas	191
Retroalimentación Cruzada en Primera Persona.	Busca lograr empatía e intercambiar experiencias.	Variable	18 personas	196

RETROINFORMACION

Ejercicio	Usos	Duración: min.	Tamaño del Grupo	Página
...Según el Cristal por el que se Mira	Determina las conductas significativas a los ojos de otros que no las realizan.	35	18 personas	120
Solidez	Emplea como técnica la retroalimentación en la búsqueda de vincularidad interior.	30	16 a 18 personas	126

CLAUSURA

Ejercicio	Usos	Duración: min.	Tamaño del Grupo	Página
Clausura Merecida	Sensibiliza al participante hacia la autoevaluación y autoestima.	30	16 a 18 personas	190
Al Fin los Reyes Magos	Para clausuras emotivas y gratificantes que permitan un crecimiento individual.	40	18 personas	201
Clausura Informal	Detecta el nivel emocio-	30	16 a 18 personas	203

CLAUSURA

Ejercicio	Usos	Duración: min.	Tamaño del Grupo	Página
	nal al que llegó el grupo al final del evento.			
Interioridades	Permite visualizar al final de un evento las cuestiones intrínsecas y extrínsecas.	35	18 personas	46
Dos Renglones	Hace concluir un evento de una mamera muy gratificante.	35	18 personas	48

EJERCICIO: HOJA DE ACTUALIZACION

USOS:

- Lograr que los participantes se presenten ante el grupo, conozcan a los otros participantes y estén en posibilidades de ubicarlos en la estructura de la organización.
- Propiciar la divulgación de los cambios relevantes ocurridos en los departamentos de cada participante como resultado del efecto de los módulos anteriores.
- Fomentar la participación en términos de exponer los problemas de los miembros del grupo relacionados con su trabajo diario.

RECURSOS MATERIALES:

- Hoja de Actualización (PARTICIPANTE).
- Lápiz.

DURACION:

- 35 minutos (15' en subgrupos; 20' en plenaria).

TAMAÑO DEL GRUPO:

- De 20 a 24 participantes

DISPOSICION DEL GRUPO:

- 4 subgrupos de 5 a 6 participantes cada uno, distribuidos de manera tal que puedan intercambiar información relativamente aislados.

INSTRUCCIONES ESPECIALES:

- El instructor procurará, dentro de lo posible, hacer respetar los tiempos asignados para el ejercicio en subgrupos y para los reportes en la reunión plenaria.

— El instructor usará la técnica de "eco" para resaltar, de los reportes de cada subgrupo, los conceptos que puedan capitalizarse, eslabonándolos con el tema del módulo.

DESARROLLO:

— Formar cuatro grupos de 5 ó 6 participantes cada uno.

Esto se puede hacer:

a) al azar;

b) pidiendo se numeren del 1 al 4;

c) estructurando previamente los grupos con la lista de asistencia combinando estratégicamente a los participantes; por ejemplo: "antiguos/nuevos", "hombres/mujeres", "viejos/jóvenes", etc.

— Indicar el lugar donde trabajarán, solicitar que se coloquen en su sitio.

— Repartir a cada participante una Hoja de Actualización o indicar en qué lugar de su Documento Base pueden encontrar dicha hoja.

— Indicar que cada subgrupo deberá nombrar un reportero y que solamente cuentan con 15' para intercambiar información y llegar a una respuesta de grupo. (Enfatizar en cuanto al límite de tiempo). Verificar si las instrucciones son claras; despejar dudas. Dar la orden de iniciar.

— Transcurridos los 15', dar la orden de suspender; pedir a los participantes que regresen a sus lugares y solicitar al reportero del primer grupo que exponga las respuestas de su grupo (indicar que cuenta con 5' para reportar a todo el grupo). Continuar con el resto de los reporteros.

— Conforme cada reportero expone, el instructor anotará en hoja de rotafolio la síntesis de los conceptos expuestos, enfatizando aquéllos que estén relacionados con la materia del curso.

29

— Una vez que todos los reporteros hayan concluido, preguntará al grupo si quedó sin ser anotada alguna información relevante.

CONCLUSION:

— El instructor tratará de establecer un "puente" entre los conceptos anotados y la importancia que tiene el curso para facilitar el manejo o resolución de los problemas planteados.
— Pondrá especial énfasis en los problemas de diseño y la importancia de clarificar las estrategias para su solución.

Hoja de Actualización (Participante)

INSTRUCCIONES:

A) Conteste brevemente a las siguientes preguntas en el subgrupo que le corresponda. *Tiempo 15'.*

B) Nombrar un "reportero" que tomará nota y expondrá el concenso del grupo en un *tiempo máximo de 5'.*

1.— NOMBRE, DEPARTAMENTO Y PUESTO.

2.— CAMBIOS OCURRIDOS EN SU DEPARTAMENTO A PARTIR DE LOS ULTIMOS SEIS MESES DE OPERACION (Nuevas funciones, rediseño de puestos, mejora de efectividad, logro de objetivos, etc. . .)

3.— EL PROBLEMA O SITUACION ACTUAL QUE PIENSE, REQUIERA UNA ESPECIAL ATENCION.

EJERCICIO: **AUTOGRAFOS CELEBRES**

USOS:

- Facilitar el proceso de integración de un grupo.
- Diluir la ansiedad provocada por el principio de toda reunión de entrenamiento.

RECURSOS MATERIALES:

- Una copia de la hoja de criterios de selección de autógrafos para cada participante.
- Un salón amplio e iluminado

DURACION:

- 30 minutos aproximadamente.

TAMAÑO DEL GRUPO:

- De 18 a 26 participantes.

DISPOSICION DEL GRUPO:

- Durante las instrucciones, sentados.
- En el proceso, con toda libertad de movimientos.

INSTRUCCIONES ESPECIFICAS:

- Ninguna.

DESARROLLO:

- El facilitador propiciará una discusión preliminar dirigida a esclarecer la idea de celebridad y por medio de ésta despertar el interés en la experiencia.
- A continuación, se entregará una copia de la Hoja

de Criterios para la Selección de Autógrafos a cada participante, con la indicación de que sigan las instrucciones señaladas en ella. Se les dará un tiempo de 3 minutos en los cuales deberán seleccionar 10 criterios, con los que solicitarán a diez de sus compañeros los autógrafos correspondientes.

— El facilitador anuncia el comienzo del período de petición de autógrafos, el cual durará aproximadamente 20 minutos.

— Cuando todos los participantes han completado la tarea, se les pide que pasen a sus lugares. Cualquier miembro del grupo al que le faltara uno o varios autógrafos puede pedirlos al grupo, preguntando a sus compañeros quién cree reunir las características correspondientes que deban ser satisfechas.

— El facilitador llevará al grupo a discutir la actividad, destacando los criterios que fueron empleados para la selección de autógrafos y tratará de llegar a conclusiones.

VARIACIONES:

— La lista de criterios puede ser aumentada o adaptada a las condiciones del grupo, local, propósito, etc.

— Los participantes pueden recibir instrucciones de obtener tantos autógrafos cuantos les sea posible.

— Se pueden agrupar en pequeños equipos a los participantes que fueron seleccionados por sus compañeros con reactivos o criterios similares, de tal manera que la discusión verse sobre si realmente el criterio empleado en cada persona fue el adecuado o dista de la realidad.

HOJA DE CRITERIOS PARA LA SELECCION DE AUTOGRAFOS

OPCION A

Instrucciones: Seleccione 10 de los siguientes reactivos poniendo una X enfrente de cada una de sus selecciones.

Durante la sesión de búsqueda de autógrafos usted entrevistará a las personas para encontrar a aquellas que correspondan a las 10 categorías o condiciones que usted haya seleccionado. Usted debe tener un autógrafo diferente para cada uno de los reactivos.

1. Piensa que el Presidente está haciendo un buen trabajo.
2. Nació bajo mi signo astrológico.
3. Prefiere trabajar solo.
4. Le gusta vivir.
5. Lee poesía.
6. Se ve atractivo para mí.
7. Tiene una jefe.
8. Vive solo.
9. Puede intimidarme.
10. Cree en lo mágico.
11. Se divierte con la jardinería.
12. Es nuevo trabajo para él o ella.
13. Parece amigable.
14. Maneja a otros.
15. Parece ser abierto.
16. Toca un instrumento musical.
17. Trabaja en fines de semana.
18. Le gusta la competencia.
19. Duerme en una cama de agua.
20. Maneja un carro deportivo.

34

HOJA DE CRITERIOS PARA LA SELECCION DE AUTOGRAFOS

OPCION B

Instrucciones: Seleccione 10 de los siguientes reactivos poniendo una X enfrente de cada una de sus selecciones.

Durante la sesión de búsqueda de autógrafos usted entrevistará a las personas para encontrar a aquellas que correspondan a las 10 categorías o condiciones que usted haya seleccionado. Usted debe tener un autógrafo diferente para cada uno de los reactivos.

1. Es tan efectivo como yo.
2. Le gusta la buena vida.
3. Le satisface mandar.
4. Está mejor preparado que yo.
5. Puede ser mi amigo.
6. Me interesa mucho.
7. Es una incógnita para mí.
8. No se por qué está aquí.
9. Me inspira confianza.
10. Me recuerda a alguien.
11. Me gustaría conocerla(o) más.
12. Lo noto cambiado.
13. Me genera ternura.
14. No ha cambiado nada.
15. Es un gran líder.
16. Me parece manipulador.
17. Le gusta la intimidad.
18. Va mucho al cine.
19. Tiene muchos amigos.
20. Le gusta ver televisión.

EJERCICIO: **LOS CINCO SENTIDOS**

USOS:

- Propicia la ruptura de hielo al inicio de los procesos de entrenamiento, facilitando la expresión de sentimientos que servirán como puentes de interacción.
- Destaca la afinidad emocional a manera de retroalimentación permitiendo la distensión y el relajamiento al explorar áreas personales que establecen lazos de confianza, merced de las semejanzas individuales.

RECURSOS MATERIALES:

- Salón amplio, que permita el trabajo en subgrupos.
- De preferencia, es conveniente entregarles a los participantes una hoja impresa (ver hoja de participante, aunque no es indispensable, una hoja blanca sirve).
- Lápices y plumones.
- Hojas de rotafolio.

DURACION:

- 30 minutos aproximadamente.

TAMAÑO DEL GRUPO:

- De 16 a 20 participantes.

DISPOSICION DEL GRUPO:

- primera etapa: **individual**
- segunda etapa: subgrupal.
- tercera etapa: plenaria.

INSTRUCCIONES ESPECIFICAS:

— Es conveniente que el instructor haga un preámbulo en donde se destaque la importancia de la expresión de los sentimientos para el conocimiento interpersonal. La evocación de situaciones gratas a nivel individual es una forma sencilla para que esta manifestación emocional se realice.

DESARROLLO:

— Se les solicita a los participantes que en la hoja impresa del ejercicio o en hoja blanca, según el caso, anoten, en siete minutos, tres preferencias para cada uno de los sentidos perceptuales.
— Es importante hacerles hincapié a los participantes que expresen, con imaginación, lo que esté más próximo a su sentir, inclinándose por la espontaneidad.
— Se pasa entonces a formar los subgrupos de cuatro o cinco personas, para tratar de ponerse de acuerdo en un posible listado de gustos en conjunto.
— Se les entrega una hoja de rotafolio y un plumón por equipo, para que anoten sus conclusiones. Se proporcionan 8 minutos para tal tarea.
— En plenario se analizan las hojas en donde están las conclusiones de equipo, en función de las semejanzas y los elementos comunes.
— Se trata de llegar a conclusiones.

Hoja del Participante

ME GUSTA ESPECIALMENTE:

VER: 1._____

2._____

3._____

OIR: 1._____

2._____

3._____

PALADEAR: 1._____

2._____

3._____

OLER: 1._____

2._____

3._____

TOCAR: 1._____

2._____

3._____

38

EJERCICIO: **BOLSILLOS VACIOS**

USOS:

- Permite la ruptura de hielo para establecer un alto clima de confianza.
- Propicia la comunicación interpersonal por medio de una fuerte involucración.
- Explora, de manera poco amenazante, el comportamiento íntimo de las personas.

RECURSOS MATERIALES

- Salón amplio e iluminado.
- Mesa de trabajo.
- Hoja de Procesamiento.

DURACION:

- 45 minutos.

TAMAÑO DEL GRUPO:

- 18 participantes.

DISPOSICION DEL GRUPO:

- En parejas o tercias.

INSTRUCCIONES ESPECIFICAS:

- Se aplica al inicio de procesos de entrenamiento cuando el instructor sabe que tiene un grupo fuerte y se desarrollará un programa exhaustivo. Pero si algún participante se llegara a negar tomar parte en el ejercicio, suele ser recomendable respetar la volitividad del mismo, sin embargo, habrá que analizar con el grupo esta reacción.

DESARROLLO:

- Se forman ya sean las parejas o los tríos, según sea la necesidad instruccional.
- Se les pide que se saquen de los bolsillos o bolsas de mano, todo aquello que traigan consigo y que lo desmantelen, de tal manera, que queden unidades de cosas.
- Ya hecho esto, se les pide que hacia el interior de su pequeño equipo, refieran el porqué traen esas cosas y qué significado los une a ellas.
- Se proporciona a todos los participantes la Hoja de Procesamiento y se les pide que le den respuesta, ahí mismo, en sus subgrupos.
- Terminada esta etapa, se dispone al grupo en la mesa de trabajo y se analiza la experiencia tratando de llegar a conclusiones.

HOJA DE PROCESAMIENTO

Preguntas que se deberá de responder en cada equipo a nivel individual:

¿Quién soy yo en función de los objetos que cargo?

_____

_____

¿Olvidé algún objeto que normalmente suelo traer? ¿Cuál es?

_____

_____

¿Intencionalmente no quise sacar algo que sí traigo conmigo? ¿Qué cosa es?

_____

_____

¿Qué pasaría conmigo, a nivel emocional, si de repente todo esto que traigo desapareciera en este momento?

_____

_____

EJERCICIO: PRESENTACION CRUZADA EN PRIMERA PERSONA

USOS:

— Propicia la ruptura de hielo en grupos heterogéneos a manera de primeros movimientos.
— Promueve el conocimiento interpersonal de una manera cordial y relajante.
— Ayuda a los miembros de un grupo recién integrado a adquirir confianza, para desarrollos ulteriores.

RECURSOS MATERIALES:

— Un salón amplio e iluminado.
— Tarjetas de cartoncillo media carta.
— Rotafolio.
— Plumones suficientes para todos los participantes.

DURACION:

— 75 minutos aproximadamente.

TAMAÑO DEL GRUPO:

— 18 personas.

DISPOSICION DEL GRUPO:

— Primera parte, sentados a la mesa de trabajo.
— Segunda parte, en parejas distribuidas en el salón en forma libre.
— Tercera parte, sentados a la mesa de trabajo.
Nota: Es conveniente que la mesa de trabajo se monte en forma de herradura.

INSTRUCCIONES ESPECIFICAS:

- El instructor anuncia una presentación de todos los ahí reunidos.
- Toma una tarjeta media carta y la dobla por la mitad a lo largo de la misma.
- Es importante que estos movimientos los haga lo más abierto posible para que todo el grupo tenga oportunidad de observarlo.
- Acto seguido, pide a los participantes que escriban por las dos caras de la tarjeta ya doblada, el nombre por el cual les gusta ser llamados, lo más claro y grande que puedan.
- Se les indica que para tal efecto cuentan con plumones, que ya deben estar distribuidos en la mesa.
- Efectuado esto, se les indica cómo se harán las presentaciones.

DESARROLLO:

- Cada persona busca a un compañero que debe ser aquél con el que se sienta más distante en ese momento, o el instructor estructura las parejas según más le convenga.
- Al que decida tomar primero la palabra, se le denominará "A"; a la otra persona se le denominará "B".
- Durante 5 minutos, "A" platica de sí mismo tanto como pueda, procurando hablar lo menos posible de cuestiones laborales, pues de lo que se trata es de conocer a la persona. "B" no puede contestar ni preguntar nada, solamente debe escuchar.
- Se sigue el mismo proceso, pero ahora "A" escucha y "B" habla durante 5 minutos.
- Consumidos los 10 minutos, el instructor plantea que se presentarán individualmente a través de lo que pudo haber captado su compañero de pareja. De tal manera "A" desempeñará en primera

persona (yo) el papel de "B", sin que éste pueda intervenir para nada, así mismo, "B" jugará el rol de "A".

— Cada pareja intercambia sus respectivos gafetes y regresa con sus nuevos nombres a la mesa de trabajo.

— El instructor solicita que dé principio la presentación, cuidando que se conserve la espontaneidad en los participantes.

— Concluida cada presentación personal se puede dar oportunidad al grupo para elaborar preguntas, cuidando el instructor de que éstas no se vayan por el lado del trabajo escuetamente.

— El instructor debe estar pendiente para auxiliar en el momento en que las preguntas se tornen comprometedoras o poco claras, teniendo el recurso del control del tiempo, haciendo pasar la presentación a otra persona, hasta concluir con todo el grupo.

— Al finalizar, el instructor propiciará una reflexión sobre qué sintieron al representar y ser representados y a qué conclusiones se pueden llegar. Se regresan los gafetes.

Nota: si el número de participantes es non el instructor constituirá la última pareja.

EJERCICIO: DETECCION DE EXPECTATIVAS

USOS:

— Es importante para la formación de la comunidad de aprendizaje, que el instructor cuente con la posibilidad de determinar las expectativas de los participantes. Este ejercicio además de auxiliarnos en tal propósito, nos ayuda a mover físicamente al grupo, para evitar los conclaves informales en la mesa.
— Determina las expectativas del grupo con relación al evento de que se trate.
— Verifica las posibles discrepancias con relación a los objetivos.
— Minimiza los efectos de los conclaves informales.

RECURSOS MATERIALES:

— El salón donde será impartido el evento formativo.
— Hojas tamaño carta, de rotafolio, lápices y plumones.

DURACION:

— De 30 a 45 minutos.

TAMAÑO DEL GRUPO:

— Ilimitado.

DISPOSICION DEL GRUPO:

— Primero en forma individual.
— Posteriormente en subgrupos o corrillos de 3 a 6 personas.

INSTRUCCIONES ESPECIFICAS:

— Ninguna.

DESARROLLO:

— Se solicita a los participantes que respondan de manera individual, en hoja carta, a las siguientes preguntas:
— ¿Por qué estoy aquí?
— ¿Qué me gustaría aprender?
— ¿Qué pienso aportar?
— ¿Qué me gustaría que no ocurriera durante el evento?
— ¿Qué me gustaría que sí ocurriera durante el evento?
— Ya respondidas, se les pide que se numeren del 1 al 4 o al 5 progresivamente y que se reúnan en equipos del mismo número.
— Se les solicita a los subgrupos que den respuesta a las mismas preguntas a partir de las respuestas individuales de sus miembros y que las conclusiones del corrillo las pongan en hojas de rotafolio.
— Cuando los equipos acaban, se cuelgan las hojas de rotafolio en las paredes y se da lectura a ellas por medio de un representante de cada equipo. Pidiendo aclaraciones, si fuese menester.
— El instructor debe cuidar que las expectativas no discrepen con los objetivos del evento, pero si ello ocurriese deberá resaltarlo, de tal manera, que se entablen negociaciones entre los participantes o simplemente acordar que la expectativa no será satisfecha por el evento.

EJERCICIO: **INTERIORIDADES**

USOS:

- Ayuda a los participantes a romper el hielo al inicio de eventos formativos.
- Permite a los miembros de un grupo, ya casi al término de un encuentro, distinguir lo evidente-externo y lo oculto-interno de las personas.
- Propicia el conocimiento interpersonal de manera cordial y emotiva, a guisa de retroalimentación.

RECURSOS MATERIALES:

- Un salón amplio, iluminado y cómodo.
- Una bolsa de papel de estraza por participante.
- Cinco o seis pedazos de papel de 6 x 12 cms.
- Plumones y lápices.

DURACION:

- 35 minutos.

TAMAÑO DEL GRUPO:

- 18 personas.

DISPOSICION DEL GRUPO:

- Libre.

INSTRUCCIONES ESPECIFICAS:

- Este ejercicio ha tenido resultados en dos formas de aplicación: a) como ruptura de hielo o introducción al conocimiento interpersonal y b) como epílogo o corolario de un evento formativo.

DESARROLLO:

- Se le entrega a cada participante un sobre, sus cinco o seis pedazos de papel, plumón y lápiz.
- En la versión de ruptura de hielo se les solicita que escriban en las caras de los sobres, con plumón, cinco aspectos evidentes de su persona en términos de comportamiento y prestancia. En los cinco trozos de papel que anoten igual número de aspectos menos evidentes, como pueden ser cuestiones de carácter, sentimientos, personalidad, etc.; cuya característica sea el que los reflejen de manera más íntima.
- Estos papelitos los meterán en sus respectivas bolsas.
- Acto seguido, de manera informal y espontáneamente se indica a los participantes que revisen las bolsas de todos sus compañeros, tanto contenidos externos como internos. Una variante es hacerlo en tríos o cuartetos.
- Al terminar, se pasa a discutir la experiencia y se llega a conclusiones.
- La variable epilogar, dirigida fundamentalmente a la interretroalimentación, se basa en pedir que en el sobre se anote el desempeño evidente que la persona cree haber dado a su grupo (cinco incisos) y en seis papelitos anote tres aportaciones significativas con las cuales la persona haya contribuido al crecimiento del grupo. Y tres cuestiones que esperaba le diera el grupo y no le dio.
- Esta variable necesariamente se desarrolla en pequeños equipos, aunque las conclusiones se elaborarán a nivel plenario.

EJERCICIO **DOS RENGLONES**

USO:

— Propicia el manejo creativo de la comunicación verbal escrita.
— Permite el intercambio emocional gratificante.
— Ayuda al fortalecimiento de la autoimagen de los participantes.

RECURSOS MATERIALES:

— Hojas tamaño carta y lápices.
— Mesas de trabajo.
— Un salón amplio e iluminado.

DURACION:

— 35 minutos.

TAMAÑO DEL GRUPO:

— 18 personas.

DISPOSICION DEL GRUPO:

— Sentados a la mesa de trabajo.

INSTRUCCIONES ESPECIFICAS:

— Es aplicable, preferentemente, ya casi al finalizar un evento formativo, pues estimula a los participantes a un mayor esfuerzo de frente al aprendizaje.

DESARROLLO:

— Se solicita a los participantes que tomen dos o

tres hojas carta y las doblen en ocho pedazos, cortándolas posteriormente lo mejor que puedan.
- En cada uno de los pedazos tienen que escribir por el anverso, uno a uno, los nombres de sus compañeros.
- Por el reverso, escriben en dos líneas o renglones, un pensamiento, buen deseo, verso, o una combinación de estos, dirigido al compañero designado en cada pedazo de papel.
- Al terminar son entregados a los designatarios en propia mano.
- Se forman subgrupos de 4 ó 5 personas para discutir la experiencia.
- Cada subgrupo nombra a un reportero para ofrecer en reunión plenaria sus experiencias.
- Se llega a conclusiones.

EJERCICIO: **CANTANDO**

USOS:

- Incrementa la cohesión de los grupos en procesos avanzados de entrenamiento o de convivencia.
- Minimiza el temor al ridículo debido a la autoexposición frente a un grupo.
- Sirve como elemento de retroalimentación sobre la dinámica del proceso de interacción de los miembros del grupo.

RECURSOS MATERIALES:

- Hojas de papel.
- Lápiz.

DURACION:

- Depende del número de participantes. (De 1 hora 30 mins. a 3 horas, aprox.).

TAMAÑO DEL GRUPO:

- Ilimitado.

DISPOSICION DEL GRUPO:

- Variante 1: Trabajo individual.
- Variante 2: Subgrupos de 3 ó 4 miembros.

INSTRUCCIONES ESPECIFICAS:

- El conductor introduce el ejercicio promoviendo una pequeña reflexión grupal sobre el significado del canto y la poesía en el seno de los agrupamientos sociales. Es recomendable aludir, a guisa de ejemplo, a la gran tradición homérica, acentuando sus aspectos épicos y heroicos para deducir los conceptos de aventura y vida.

DESARROLLO:

— El facilitador solicita, ya sea a nivel individual o subgrupal, según sea el caso, que redacten la letra de una canción en la cual se pondere la formación, desarrollo y aspiraciones del grupo en su totalidad y no nada más de su subgrupo o en su individualidad.

— Es importante que se haga hincapié en la fuerza narrativa que debe tener la letra.

— Se pide a los participantes le pongan música original a la letra, o sea, que traten de no tomar ninguna melodía existente.

— Se les da un tiempo de ensayo para preparar la presentación de su canción, recomendándoles como acompañamiento las percusiones y sonidos que puedan producir con sus cuerpos y los objetos que están a su alcance.

— Después de que las canciones son mostradas, actuadas y cantadas, frente al grupo, la primera tarea es determinar a nivel grupal cuál es la canción que a juicio de todos logra ser el primer lugar, por expresar mejor la historia del grupo y reunir la calidad musical suficiente (aunque ésta pueda ser muy rara).

— Se destacan todos aquellos elementos de las canciones que sirvan como retroalimentación al grupo y a los individuos (esta segunda con mucho tacto).

— Se continúa la discusión y reflexión inquiriendo sobre los sentimientos que se experimentaron y de cómo, en cada caso, se enfrentaron. Se pregunta también sobre qué idea se manifiesta más persistente en todas las canciones y cuál es su implicación.

52

— Se explora sobre el proceso que se usó para crear las canciones, si se utilizó música original o no y por qué.
— Por último, se revisan los descubrimientos de los participantes al cantar y al oír cantar a sus compañeros. Se hace un resumen global y se trata de llegar a conclusiones.

EJERCICIO: CINCO SENTIDOS AUTOEVALUATIVOS

USOS:

— La realización de este ejercicio permite la apertura de los miembros de un grupo, eliminando las barreras que normalmente existen en los grupos recién integrados y que impiden una adecuada comunicación, ya que se establece un primer contacto autoevaluativo del propio grupo.
— Propicia la identificación y conocimientos entre los miembros del grupo.
— Comparte una serie de experiencias placenteras por medio de un diálogo informal.
— Establece semejanzas entre los participantes.
— Introduce a los participantes a la autoevaluación.

RECURSOS MATERIALES:

— El salón donde será impartido el evento formativo.
— Hojas impresas (o papel en blanco tamaño carta y de rotafolio).
— Lápices y plumones.

DURACION:

— Instrucciones: 2 minutos.
— Ejercicio individual: 10 minutos.
— Ejercicio grupal: 18 minutos.
— Tabulación: 25 minutos.
— Total: 45 minutos.

TAMAÑO DEL GRUPO:

— Ilimitado.

DISPOSICION DEL GRUPO:

— Primero en forma individual.
— Posteriormente en equipos de 2 a 5 personas.

INSTRUCCIONES ESPECIFICAS:

— Es muy importante haberles planteado a los participantes con anterioridad *La Espiral del Crecimiento Humano*, con sus factores impulsores, para que en estos factores se base la tabulación a manera de reactivos.

DESARROLLO:

— Se inicia el ejercicio con una invitación a la reflexión acerca de las experiencias placenteras que cada persona haya tenido en cualquier momento de su vida.

— A continuación, se les pide que seleccionen entre sus experiencias más agradables tres cosas que les guste oler; tres que les guste ver; tres que les guste probar; tres que les guste tocar y tres que les guste oír.

— Se reparte una hoja, como la que se incluye a continuación, y se pide que en ella anoten sus experiencias.

— Cuando todos hayan terminado sus anotaciones, se les pide que formen libremente parejas o pequeños grupos y que compartan sus experiencias. En esta fase es muy importante crear una atmósfera de animación y amplia libertad para que los participantes elijan al, o a los compañeros, con quienes deseen compartir sus experiencias.

— Se les solicita a los grupos que arriben a respuestas de equipo, tres por cada uno de los sentidos, y que las pongan en hojas de rotafolio; al concluir se colgarán en las paredes.

— El instructor, con ayuda del grupo, retoma los factores impulsores de *La Espiral del Crecimiento Humano* y con éstos comienza a identificar los conceptos vertidos por los equipos, señalando en ellos cuáles son personas, ideas, cosas y lugares.

— A continuación suma cada uno de los factores y por regla de tres saca los porcentajes que les correspondan.

— Finalmente propicia que se llegue a conclusiones. Pudiendo, ya planteado el caso, llevar a una conexión con el *Modelo de Dimensiones del Comportamiento*.

LA ESPIRAL DEL CRECIMIENTO HUMANO
Y SUS FACTORES IMPULSORES

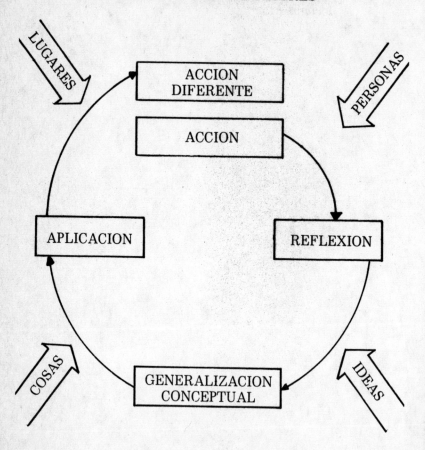

HOJA PARA EL PARTICIPANTE

INTRODUCCION :

— El hombre, normalmente, cuenta con cinco sentidos. Estos funcionan como cinco ventanas a través de las cuales el hombre percibe el mundo que
le rodea.
— Existen personas que tienen estas ventanas abier-
tas, medio cerradas o completamente cerradas,
el siguiente ejercicio le dará oportunidad de
darse cuenta qué tan abiertos se encuentran sus
sentidos.

INSTRUCCIONES:

— Piense y recuerde situaciones positivas y agradables que le hayan dejado a usted una grata experiencia. Reflexione sobre esos lugares, personas,
ideas o cosas que lo han estimulado en aquellas
vivencias gratificantes.
— Escoja tres respuestas, lo más concretas posible
para cada uno de los sentidos, que contesten a
esta pregunta:

58

¿Qué me agrada especialmente

Ver?_____

_____

_____

Oír?_____

_____

_____

Oler? _____

_____

_____

Saborear? _____

_____

_____

Tocar? _____

_____

_____

EJERCICIO: **EL TAPETE HUMANO**

USOS:

- Enseña a "dejarse ir" y obtener diversión.
- Ayuda a entender que el juego facilita la relajación.
- Minimiza la rigidez defensiva en favor de una interaceptación más íntegra entre los participantes.

RECURSOS MATERIALES:

- Un salón amplio, bien alfombrado y libre de obstáculos.

DURACION:

- 15 minutos.

TAMAÑO DEL GRUPO:

- 18 personas o menos.

DISPOSICION DEL GRUPO:

- Libre.

INSTRUCCIONES ESPECIFICAS:

- El ejercicio es aplicable a cualquier grupo; pero su mayor efectividad se logra cuando se utiliza al final de una sesión especialmente emotiva o muy confrontativa, con grupos altamente sensibilizados y muy cohesionados.
- El ejercicio es 100% no-verbal.

DESARROLLO:

- Casi al final de una sesión en la cual los participantes fueron altamente confrontativos o emocionalmente involucrados, el facilitador dice algo como:
  "Vamos a hacer algo simple para ayudar a deshacernos de algunas de nuestras tensiones".
- A continuación pide a los miembros del grupo que se acuesten en el suelo, dejando suficiente espacio entre uno y otro, como para no rodar sobre los otros.
- Cuando todos los participantes están acomodados, les pide que pongan sus brazos a los lados del cuerpo y luego empiecen a rodar a lo largo del cuarto. Primero, rápidamente; después, despacio, permitiendo que sus tensiones se desvanezcan.
- Pasados dos o tres minutos, el facilitador le pide al grupo que se reacomode acostándose uno junto a otro, pero de manera alterna: cabeza con pie, etc... Y les sugiere que se comporten como si fueran un tapete.
- Cuando todos están listos, el facilitador le indica al participante que haya quedado en uno de los extremos que se levante y ruede sobre el tapete humano. Debe rodar desde su extremo hasta el opuesto y al llegar allí, acostarse tomando el último lugar. Después explica que de esta manera irán rodando todos los participantes sobre el tapete humano.
- Ya que todos los participantes han rodado sobre el tapete humano, el grupo puede dispersarse o pasar a discutir la experiencia.
- Durante la discusión conviene hacer hincapié en los siguientes puntos:

a) en relación a la alfombra real.— ¿Les ayudó a

relajarse? ¿Por qué? ¿Por qué no? ¿Cómo se sintieron mientras rodaban?

b) en relación al tapete humano.— ¿En qué fue diferente a sus rodadas anteriores? ¿Fue más o menos relajante? ¿Por qué?

62

EJERCICIO: **PRESENTACION DE BEBES**

USOS:

- Permite a los grupos un acercamiento de sus integrantes a nivel emocional, evitando el uso de palabras.
- Ayuda al estudio de la comunicación no verbal en condiciones de resistencia al cambio.
- Incrementa la confianza de los participantes al permitir una libre expresión de sentimientos.

RECURSOS MATERIALES:

- Un salón amplio e iluminado, con alfombra confortable.

DURACION:

- 20 minutos.

TAMAÑO DEL GRUPO:

- 16 personas.

DISPOSICION DEL GRUPO:

- Al centro del salón.

INSTRUCCIONES ESPECIFICAS:

- Aplíquese sólo en grupos en procesos avanzados de entrenamiento.

DESARROLLO:

- El instructor propicia la reflexión sobre las formas en que los bebés manifiestan sus emociones y sentimientos.

— Después se les dice a los participantes que, procurando reproducir el comportamiento de un bebé: caminando a gatas, balbuceando y sin proferir palabra alguna, a lo mucho sonidos guturales, se muestren entre sí su afecto, a manera de identificación y presentación.

— Se les dan ocho o diez minutos para la experiencia y se pasa a discutirla.

— Es recomendable poner particular énfasis en cómo sintieron su papel individual y el de sus compañeros, en términos de representaciones o desempeños logrados, y qué sentimientos despertó esto mismo en cada participante.

— Se llega a conclusiones.

EJERCICIO: **PRESENTACION SIN PALABRAS**

USOS:

— Permite a grupos avanzados o de conocidos, experimentar nuevas manifestaciones comunicativas.
— Desarrolla la creatividad expresiva.
— Propicia la relajación y distensión para promover una rápida confianza.

RECURSOS MATERIALES:

— Un salón amplio y confortable.

DURACION:

— 60 minutos aproximadamente.

TAMAÑO DEL GRUPO:

— De 12 a 16 personas.

DISPOSICION DEL GRUPO:

— Libre.

INSTRUCCIONES ESPECIFICAS:

— Ninguna

DESARROLLO:

— El instructor pide a los participantes que a través de una breve reflexión ubiquen algún aspecto sobresaliente de sí mismos, a manera de rasgo por el cual puedan ser identificados.
— Se les proporcionan diez minutos para pensar en cómo lo podrían manifestar sin palabras, utilizan-

do únicamente su cuerpo y sonidos que no cons-
tituyan vocablo alguno.
— Se les indica que cada individuo cuenta con cinco
minutos para pasar y manifestarse.
— Concluidas estas representaciones, se pasa a analizar el ejercicio, buscando el impacto emocional
del mismo.
— Se llega a conclusiones.

66

EJERCICIO: **LECTURA INTERROGATIVA**

USOS:

- Incrementa la calidad de la discusión de materiales de lectura.
- Ayuda al grupo a cuestionar algún documento particularmente controvertido.
- Permite al grupo el derecho a la duda de sus fuentes informativas.

RECURSOS MATERIALES:

- Un salón amplio e iluminado.
- Mesa de trabajo dispuesta para discusión de grupos.
- Documentos de lectura en los que se basa la acción formativa.

DURACION:

- Máximo 20 minutos.

TAMAÑO DEL GRUPO:

- 18 personas.

DISPOSICION DEL GRUPO:

- Libre.

INSTRUCCIONES ESPECIFICAS:

- Es conveniente el empleo de este ejercicio en los momentos en que los grupos tienen problemas con un texto determinado o con parte del mismo, en función de su propio aprendizaje.
- De ahí que sea recomendable el empleo dosifica-

do de este tipo de lectura, pues puede perder su eficacia crítica.

DESARROLLO:

- Detectado un problema de interpretación de textos o fuentes escritas comunes al grupo, es muy importante que el instructor detenga la secuencia formativa y efectúe un corte o paréntesis que permita distanciar a los participantes de las posiciones en controversia.
- Ubicado el fragmento en cuestión, se le pide a un participante, que no haya estado muy involucrado en la discusión antecedente, leer fraseando, de punto a punto o de idea a idea, en forma y entonación de pregunta.
- El cambio del sentido y significado es notable, pues esta lectura, por sí sola, cuestiona las proposiciones y enunciados contenidos en el texto.
- Esto permite, tanto al instructor como al grupo, una aproximación conceptual desde otro enfoque, en el cual es posible erradicar posiciones intransigentes e insolubles casamientos con ideas preconcebidas.

EJERCICIO: LA AVENTURA

USOS:

- Estimula y propicia el manejo asertivo de la auto-imagen.
- Incrementa el desarrollo de la fantasía de los participantes.
- Descubre nuevas facetas del potencial individual a los ojos del grupo.

RECURSOS MATERIALES:

- Un salón confortable.

DURACION:

- 60 minutos.

TAMAÑO DEL GRUPO:

- 18 personas máximo.

DISPOSICION DEL GRUPO:

- Libre.

INSTRUCCIONES ESPECIFICAS:

- Ninguna.

DESARROLLO:

- Se les pide a los participantes un momento de abstracción. Que se ubiquen entre su olvido y su recuerdo.
- Es indispensable una remembranza. Un suceso en el cual, de alguna manera, se hayan visto involucrados y que les haya dejado gratas memorias.

— Que se ubiquen en esa ocasión en que el ocurrir tenía un protagonista único, que eran ellos, cada uno de los participantes.

— Localizado ese acontecimiento, se les pide que lo vean como la mayor aventura que ser humano haya podido tener, tratando de traducirlo en palabras, a manera de un pequeño cuento.

— Se les aclara que nadie sabrá si aumentan fantasiosamente el suceso o no; la cuestión es contarlo: referirlo a sus compañeros.

— Se da un cierto tiempo para acomodar los recuerdos y la fantasía y se principian espontáneamente las narraciones.

— Al concluir las aventuras, se propicia la reflexión sobre el sentir de los participantes.

— Se llega a conclusiones.

EJERCICIO: UNOS CONTRA OTROS

USOS:

- Poner en práctica lo aprendido teóricamente en relación a los pasos a seguir durante una entrevista.
- Recibir retroalimentación en relación a la actitud, desenvolvimiento y meticulosidad personal como entrevistador.

RECURSOS MATERIALES:

- Un salón amplio.

DURACION:

- 30 minutos para el ejercicio.
- 20 minutos para retroalimentación y conclusiones, plenario.

TAMAÑO DEL GRUPO:

- 25 participantes como máximo.

DISPOSICION DEL GRUPO:

- Subgrupos de tres personas: 2 participantes y 1 observador.

INSTRUCCIONES ESPECIFICAS:

- El instructor pedirá al grupo que se divida en subgrupos de 3; 2 participantes que se entrevistarán uno al otro, en dos sentidos, y un observador que tomará notas.
- Al observador se le pedirá que tome en cuenta si se siguen o no los pasos del proceso y que juzgue

la actitud de sus compañeros, pero no participe verbalmente.

DESARROLLO:

- Se forman los subgrupos.
- Conforme al modelo de entrevista previamente tratado, se llevan a cabo las entrevistas.
- Al terminar el ejercicio se realiza una mesa redonda, donde los observadores expresarán lo que anotaron, a manera de retroalimentación para los participantes.
- El grupo sacará conclusiones.

EJERCICIO: **HECHOS Y OPINIONES**

USOS:

- Propicia el estudio de una de las posibles fuentes de conflicto en las relaciones humanas por no distinguir en los enunciados los hechos de las opiniones.
- Permite el análisis de textos en función de su percepción e interpretación.
- Destaca las diferencias interpersonales frente a elementos distractores de la percepción.

RECURSOS MATERIALES:

- Salón amplio e iluminado.
- Rotafolio y plumones suficientes.
- Masking tape.
- Dos copias del documento con subrayado A.
- Dos copias del mismo documento con subrayado B.

DURACION:

- 45 minutos.

TAMAÑO DEL GRUPO:

- De 18 a 20 participantes.

DISPOSICION DEL GRUPO:

- Formando cuatro equipos.

INSTRUCCIONES ESPECIFICAS:

- El instructor debe seleccionar un texto de dos o tres cuartillas y preparar dos subrayados diferen-

tes: el primero subrayado ("A") solamente los
hechos (lo que, en términos de identidad, es) y el
segundo subrayado ("B") lo que constituyen
simples opiniones (lo que se le atribuya al ser o a
lo que es) de aquél que escribió el documento.

— Si el texto escogido se vincula con el temario del
evento formativo, tanto mejor, pero si no, no es
particularmente relevante.

— Se puede llegar a realizar este ejercicio sin este
documento previamente subrayado, entregándole
los documentos limpios a los subgrupos para que
estos realicen los subrayados. En consecuencia,
cambiará el desarrollo del ejercicio.

DESARROLLO:

— Se forman cuatro equipos.

— A dos de los subgrupos se les entregan los textos
con subrayado "A" y a los otros dos subgrupos, el
mismo texto con subrayado "B".

— Se les pide a todos los subgrupos que hagan una
referencia total del texto con sus propias palabras.

— Se les entrega una hoja de rotafolio para tal
efecto.

— Se les da tiempo suficiente y los representantes
que fueron previamente señalados en cada subgrupo, pasan a hacer sus referencias.

— Al terminar se analizan las discrepancias tratando
de destacar énfasis contra subrayados.

— Se llega a conclusiones sobre el impacto real y
relativo de toda aseveración.

EJERCICIO: **MASAJES**

USOS:

- Enseña a dar y recibir atenciones y caricias.
- Ayuda a asimilar experiencias álgidas.
- Facilita el proceso de aprender cómo cada uno reacciona ante un bombardeo de sensaciones táctiles.

RECURSOS MATERIALES:

- Un salón amplio y sin obstáculos.
- Bastante aceite o loción para masajes.

DURACION:

- De 60 a 90 minutos.

TAMAÑO DEL GRUPO:

- Ilimitado, pero divisible en subgrupos de seis.

DISPOSICION DEL GRUPO:

- Libre.

INSTRUCCIONES ESPECIFICAS:

- Se recomienda utilizar este ejercicio en grupos de encuentro cuyos miembros hayan desarrollado sentimientos de cariño y afectividad.
- Iluminar el salón con velas puede aumentar el efecto del ejercicio.

DESARROLLO:

- El facilitador pide que se formen subgrupos de

seis miembros y que se acomoden distribuyéndose cómodamente en todo el salón (zapatos, calcetines y cualquier otra ropa innecesaria será dejada a un lado).

— Después explicará que la experiencia del masaje en grupo involucra sentimientos de confianza y aprendizaje para lograr abandonar las sensaciones de rigidez, y, de esta manera, cada participante se hará más consciente de sí mismo, su ternura y sus sentimientos, acerca de dar y recibir afecto.

— Explica, también, que cada participante recibirá masaje efectuado por los otros 5 miembros de su subgrupo. El masaje durará el mismo tiempo para cada uno (de 5 a 15 minutos). El aceite y la crema son colocados ahora en posiciones accesibles a todos los participantes.

— Un participante se acostará. Los demás darán el masaje. Uno se dedicará a la cabeza, otros dos a cada mano y otros dos a cada pie. Mientras el participante recibe su masaje, las posiciones no se rotarán, sino hasta cambiar de persona. Es muy importante subrayar que deben intentar mostrar interés y cariño con el contacto. El participante que recibe el masaje deberá cerrar los ojos y tratar de alejar su rigidez, relajarse y disfrutar el masaje y las sensaciones táctiles que éste genere.

— El facilitador avisará a los demás miembros del subgrupo cuándo ha llegado el momento de rotar las posiciones alrededor de su compañero.

— La discusión se puede llevar a cabo entre masaje y masaje, aunque efectuarla cuando todos han proporcionado y recibido masaje es más recomendable.

— Durante la discusión es conveniente concentrarse en los siguientes puntos:

a) cuando se recibía masaje: ¿Cuáles eran sus sentimientos? ¿Se sintieron incómodos en algún momento? ¿Cuándo? ¿Cómo superaron este sentimiento? ¿Percibieron a los masajistas tiernos y cariñosos? ¿Qué sintieron al recibir masaje en tantos lugares al mismo tiempo?

b) cuando se daba masaje: ¿Qué sintieron al masajear una cabeza, o un pie, o un brazo? ¿Qué diferencias notaron según su situación? ¿Qué pensaron y sintieron mientras efectuaban el masaje? ¿Cómo trataron de mostrar su cariño y cuidado?

c) en general: ¿Estuvieron más cómodos dando o recibiendo masaje? ¿Por qué? ¿Qué aprendieron acerca de ustedes y los otros participantes?

VARIACION:

— Si la persona a la que se le está proporcionando el masaje se le pide que verbalice sus sentimientos y sensaciones, se cuenta con la posibilidad de incrementar en el participante su capacidad de manifestación personal, por un lado y por otro, el grupo contará con mayores elementos para la discusión. Se suele emplear esta variable en el entrenamiento de la asertividad.

EJERCICIO: **CUENTO EN CASCADA**

USOS:

- Constituye un acercamiento al desarrollo de la capacidad creativa de los participantes a través de la cohesión grupal.
- Ayuda a verbalizar imaginativamente la fantasía de los participantes, como vehículo de expansión del potencial personal.
- Permite el análisis comparativo entre aventura y calidad de vida merced a la fuerza heurística individual.

RECURSOS MATERIALES:

- Salón amplio e iluminado.
- Pizarrón o rotafolio en caso de que el instructor lo requiriese.

DURACION:

- De 90 a 120 minutos.

TAMAÑO DEL GRUPO

- 16 personas.

INSTRUCCIONES ESPECIFICAS:

- Se aplica en grupos de entrenamiento ya adentrados en el avance de sus programas de aprendizaje, o sea, con una sólida formación grupal y una alta confianza alcanzada.
- Es muy importante la elocuencia del instructor, su capacidad de producir imágenes por medio de su verbalización con toda la riqueza y exuberancia que sea menester.

— El instructor desarrolla un breve preámbulo sobre la fantasía, la imaginación y la autoimagen, por medio de una discusión dirigida; su mira debe enfocarse a que el grupo deduzca una hipótesis de trabajo, que es la siguiente: la combinación de la fantasía, la imaginación y la autoimagen son, en mucho, los ingredientes necesarios de una sólida autoafirmación; de ahí, que si se lograse conjuntar estos elementos en una verbalización o en otra forma, se tendría acceso a buscar el mecanismo de esta situación. Obviamente, este mecanismo, en otro orden de ideas, no es más que la capacidad creativa del hombre que suele resolverse en arte.

DESARROLLO:

— El instructor indaga sobre quién de los reunidos ha escrito un cuento, un poema o ha intentado una novela; por medio de una discusión ligera trata de fijar el grado de dificultad de tales tareas.
— Puede comparar el grado de dificultad entre escribir y narrar oralmente, incluso pueden asociarse a esta comparación las vicisitudes de las culturas orales y tipográficas.
— Entonces se plantea el ejercicio: se trata de que todos los participantes puedan hacer un cuento, o quizá pueda llegar el resultado a nivel de una novela corta. Se trata pues, de que cada participante contribuyendo con toda su imaginación y fantasía ayude a construir una narración colectiva.
— Para tal efecto se escogerá un escenario en que se realizará tal narración. Puede ser una selva llena de tribus adversas. O una montaña boscosa poblada por duendes, hadas, magos, brujas, demonios, etc. O quizá una isla en la cual sobrevivieran a un naufragio. O una ciudad antigua abandonada, etc. Cuando el grupo se ha puesto de acuerdo en el escenario de su narración, se toman unos cuantos

minutos para describir topográficamente el ambiente de tal lugar.

— Para ello el instructor se apoyará en el rotafolio o el pizarrón para tratar de hacer un plano del escenario (cuestión que ayudará mucho a los participantes).

— Acto seguido se habla sobre los personajes de la narración, que son, nada menos, que los participantes mismos, con sus roles cotidianos dislocados por un escenario y unas circunstancias diferentes.

— Cada uno de los participantes podrá contribuir en la construcción de la narración espontáneamente, cuidando que aquél que tenga facilidad de palabra, dé oportunidad a aquellos que no la tengan, de tal manera que todos realicen ese esfuerzo narrativo.

— Hay que procurar convenir con los participantes no hacer interpretaciones, análisis o críticas de ninguna contribución, pues ello inhibiría la creatividad de los compañeros.

— Se trata de hacer una narración entre todos que tenga un principio, un clímax y un final.

— Suele recomendarse el uso de una grabadora para recoger las contribuciones. Eventualmente esta narración puede pasar a ser parte de la memoria del grupo.

— Un ejemplo:

Zutano: —Fulano venía corriendo por la vereda, con una mueca de terror dibujada en su cara. . .
Perengano: —Mengana tenía dificultades y gritaba desde el bosque, justo a espaldas de fulano. . .
Fulano: —Había un no sé qué en el ambiente, que desde la mañana me mantenía inquieto, pero al entrar al bosque nunca me imaginé lo que iría a ocurrir. . .

— Este ejercicio se desarrolla por un lapso que definirá el propio entusiasmo del grupo. Pero si es menester, el final de la narración puede ser la última contribución del instructor.

— Al finalizar se analizan los impactos, experiencias, descubrimientos, sentimientos, etc., tratando de llegar a conclusiones.

Nota:

En ocasiones, en grupos sensibles, el ejercicio puede constituirse en un verdadero hallazgo numinoso para los participantes; que incluso puede provocarse manejando algunos elementos de la literatura de terror. cf. Llopis, Rafael, *Historia natural de los cuentos de terror*, Ed. Jucar, España, 1974 y Otto, Rudolf, *Lo santo*, Alianza Editorial, España, 1980.

EJERCICIO: **CONFIANZA**

USOS:

— Permite observar el grado de confianza que los grupos pueden llegar a propiciar entre sus miembros.

— Explora las defensas individuales, su naturaleza y calidad, en el involucramiento de la persona ante la acción colectiva.

— Analiza la reacción grupal ante el manejo de la retroalimentación a sus miembros.

RECURSOS MATERIALES:

— Una mesa sólida al centro de un salón amplio e iluminado.

DURACION:

— 40 minutos.

TAMAÑO DEL GRUPO:

— Máximo 18 personas, mínimo 6.

DISPOSICION DEL GRUPO:

— Al centro, alrededor de la mesa.

INSTRUCCIONES ESPECIFICAS:

— Es aplicable en procesos avanzados de integración de equipos de trabajo.

DESARROLLO:

— Se le pide al grupo que haga remembranza, a título personal, de los juegos infantiles en que participó, que conllevasen o implicaran cierto matiz de pacto o acuerdo de sangre en el que uno se veía comprometido con los otros de manera casi indisoluble.

— Puede darse el caso de que surgieran algunas anécdotas dentro del grupo, a lo cual el instructor debe ser anuente y permisivo.

— Se les explica a los participantes que la experiencia que vivirán, a través del ejercicio, se encuentra muy próxima a aquellos pactos.

— Seis de las personas son elegidas por el instructor, utilizando el criterio de su fortaleza física, si lo considera pertinente el instructor para sustentar elocuentemente la acción.

— A estas seis personas se les pide que se quiten los relojes, pulseras, e incluso anillos si es menester, y que acto seguido, se coloquen, en parejas, frente a frente en posiciones sucesivas al lado de la mesa.

— Ya en posición, se les solicita a cada pareja que se tomen firmemente de los antebrazos y que abran sus piernas adelantando un pie ligeramente, de tal manera que puedan flexionar sus rodillas como si fuesen muelles o resortes amortiguadores.

— Al resto del grupo, se le dice que, recordando un poco las manteadas infantiles o de juventud, suban a la mesa y de espaldas se dejen caer, tan rígido como les sea posible, a los brazos de sus compañeros.

— El instructor debe insistir en que la caída debe ser lo más rígida posible, manteniendo los brazos a los lados.

— Puede darse el caso de que cada persona quiera saltar dos veces o más, lo cual es perfectamente permitido.

— Al terminar de pasar a saltar todo el grupo se cambia al equipo receptor para que estos también vivan la experiencia.

— Hay ocasiones en que alguna persona puede negarse a saltar, a la cual el grupo, junto con el instructor, normalmente tratará de convencer.

— Finalmente se analiza la experiencia en términos de la resistencia o aceptación y de los sentimientos que provocó en las personas.

— Se llega a conclusiones.

EJERCICIO: **TOPICOS FUTILES**

USOS:

- Desarrolla la comunicación imaginativa.
- Permite a los participantes explorar su capacidad verbal imaginativa.

RECURSOS MATERIALES:

- Un salón amplio e iluminado.

DURACION:

- De 20 a 30 minutos.

TAMAÑO DEL GRUPO:

- Máximo 20 personas.

DISPOSICION DEL GRUPO:

- En subgrupos de 4 ó 5 personas.

INSTRUCCIONES ESPECIFICAS:

- Ninguna.

DESARROLLO:

- Se forman los subgrupos y se solicita que los participantes escojan alguna de las cosas u objetos que les rodean y que estén al alcance de la vista.
- Se pide conciban una historia a manera de cuento, con ese objeto como protagonista de una gran aventura.
- Se nombra en cada grupo secretario de tiempo y se les da cinco minutos por persona (ni uno más,

ni uno menos) para que narren cada uno de los miembros del subgrupo su historia.

— Al terminar en los subgrupos se escoje la mejor narración para mostrar a los demás equipos y de estas últimas se escoje por todo el grupo la que más guste.

— Se pasa a analizar el grado de dificultad de la tarea del grupo así como individual y se trata de llegar a conclusiones.

EJERCICIO: **EL BUENO, EL MALO Y EL OTRO**

USOS:

— Ejemplifica de manera vivencial las diferencias estructurales y actitudinales entre interrogatorio, discurso y conversación.
— Evidencia la diferencia fundamental entre estos métodos para captar información y una entrevista.

RECURSOS MATERIALES:

— Un salón amplio.

DURACION:

— 30 minutos para la dramatización
— 30 minutos para analizar la experiencia y proponer un modelo de entrevista.

TAMAÑO DEL GRUPO:

— Ilimitado

DISPOSICION DEL GRUPO:

— Semicírculo, siempre que sea posible.

INSTRUCCIONES ESPECIFICAS:

— El conductor pedirá la participación de cuatro voluntarios para encarnar los papeles del drama.
— Explicará individualmente a cada uno su rol:
  a) El Bueno —Abogado defensor— *conversará* con la víctima sobre la acusación.
  b) El Malo —Fiscal— *interrogará* a la víctima.
  c) El Otro —El Presidente del jurado— hará un

discurso dirigido a la víctima sobre su situación.

d) La Víctima, acusado de asesinato por haber causado la caída de un transeunte, el cual se golpeó la cabeza y murió. Se declara inocente y no muy cooperativo con la situación del juicio.

— No se permitirá que los actores se pongan de acuerdo de antemano; todo el ejercicio deberá improvisarse.

— El conductor contará al grupo la historia de la víctima para que estén en antecedentes.

DESARROLLO:

— Se escogen los voluntarios.
— Se reparten los papeles y se explica el ejercicio.
— Se lleva a cabo la dramatización.
— Al final del ejercicio se analizan los resultados obtenidos en aras de esclarecer la posición de la víctima y se sacan conclusiones.
— Se propondrá, como colofón, el modelo de *entrevista* que debió haberse efectuado para recabar la información de la víctima.

88

EJERCICIO: **COMUNICACION FRUSTRADA**

USOS:

— Ayuda a tomar conciencia sobre las reacciones individuales ante el abuso sensorial.
— Explora la capacidad asertiva personal ante la frustración.

RECURSOS MATERIALES:

— Salón amplio e iluminado.
— Algunos utensilios para producir ruidos.
— Un documento de una o dos cuartillas describiendo algún tema relacionado con el evento.

DURACION:

— 30 minutos.

TAMAÑO DEL GRUPO:

— 16 personas.

DISPOSICION DEL GRUPO:

— Libre.

INSTRUCCIONES ESPECIFICAS:

— Este ejercicio está indicado para ser utilizado en eventos formativos después de que los grupos hayan desarrollado un fuerte sentimiento de unidad y de cohesión.

DESARROLLO:

— El facilitador dice: "Me gustaría un voluntario que desee probar su nivel de frustración".

— Se le pide al voluntario que abandone el salón. El facilitador le explica entonces a los demás que cuando el voluntario regrese, él le entregará un Documento que describe un aspecto importante de lo que se está tratando en el evento. Se le indicará que lo lea y lo asimile de tal manera que pueda reportar su contenido al grupo lo más completamente posible. Una vez que el voluntario regrese al salón se le dará un minuto para acomodarse. Después de ese tiempo el grupo comenzará a hacer ruido paulatinamente de menos a más, de incidental a global y permanentemente. En otras palabras, habrá que opacar al voluntario con el ruido que lo rodea. Se pide también que haya cierta plática entre los miembros del grupo. Deben mantener continuo y en volumen alto el ruido hasta que el facilitador o el voluntario los pare.

— Se pide al voluntario que regrese al salón y se le explican sus instrucciones.

— Después de cinco minutos cuando le resulte evidente al facilitador que el voluntario está muy frustrado, se para el ejercicio.

— El análisis de la situación del ejercicio debe darse inmediatamente después de finalizar el ruido.

— Durante el análisis del proceso el facilitador hará hincapié en los siguientes puntos:

   a) Con el voluntario.— ¿Es normalmente capaz de relatar la mayoría de lo que lee? ¿Por qué? ¿Cómo se sintió durante el ejercicio? ¿Cómo sobrepone sus sentimientos de enojo y frustración? ¿Por qué no pudo realizar su encargo? ¿Cuál elemento distractor le molestó más?

   b) Con el grupo.— ¿Les molestó el ruido? ¿Por qué? ¿Por qué no? ¿Por qué sí? ¿Cómo se sintieron en relación a sus roles? ¿Cómo sobreponen Uds. sus sentimientos?

— Después de las conclusiones, el ejercicio puede ser repetido con un nuevo voluntario.

90

EJERCICIO: **CHARADAS**

USOS:

- Facilita la ejemplificación sobre la importancia de escuchar y observar simultáneamente.
- Resalta la preeminencia de la comunicación no verbal en los procesos de interrelación humana.
- Demuestra la dificultad que implica formular preguntas adecuadas a cada situación.

RECURSOS MATERIALES:

- Un salón amplio.

DURACION:

- 30 minutos.

TAMAÑO DEL GRUPO:

- 30 participantes máximo.

DISPOSICION DEL GRUPO:

- 3 subgrupos con un máximo de 10 personas cada uno.

INTRUCCIONES ESPECIFICAS:

- El conductor del juego explicará el ejercicio y pedirá que se formen los subgrupos.
- Dará a 2 de los subgrupos una frase escrita en una cartulina, la cual deberá transmitirse a los otros grupos.
- Unicamente se pueden utilizar ruidos y/o gestos para transmitir la frase. No se permite hablar.
- Un grupo ejercerá como observador, sin posibili-

dad de participar en la adivinanza, juzgará el manejo de la información de los otros equipos para fines de retroalimentación.

- El grupo que tiene que adivinar la frase puede formular preguntas al actor, siempre que estas sólo se contesten "sí" o "no" de manera mímica.
- Los 2 equipos competidores tendrán un turno para transmitir y un turno para adivinar.

DESARROLLO:

- Se forman 3 grupos.
- Se explican las instrucciones del ejercicio y se entregan las tarjetas con las frases previamente seleccionadas.
- Se indica el inicio del juego.
- Al finalizar los 2 turnos de cada equipo se pide a los observadores que expongan sus comentarios.
- En mesa redonda se analiza el desarrollo del ejercicio y se sacan conclusiones enfocadas a resaltar la importancia de la comunicación no verbal, del escuchar con atención y del adecuado manejo de las preguntas.

EJERCICIO: **ASCENSO CONCEDIDO O DENEGADO.**

USOS:
- Poner en práctica lo visto en relación a la entrevista de evaluación de desempeño.
- Recibir retroalimentación en relación a la actitud y desenvolvimiento personal como entrevistador.

RECURSOS MATERIALES:

- Un salón amplio.

DURACION:

- 10 minutos para preparación.
- 20 minutos para el ejercicio.
- 10 minutos para analizar la experiencia y ofrecer retroalimentación.

TAMAÑO DEL GRUPO:

- 25 participantes máximo.

DISPOSICION DEL GRUPO:

- Subgrupos de 3 personas: 2 participantes y un observador.

INSTRUCCIONES ESPECIFICAS:

- El instructor pedirá al grupo que se divida en grupos de 3: 2 participantes que desarrollarán la entrevista, y un observador que tomará notas con fines de retroalimentación, pero no participará verbalmente.
- Indicará a todos los participantes que actuarán como entrevistadores que cuentan con 10 minutos para elaborar una guía de entrevista de evaluación de desempeño.

- Asignará individualmente un rol a cada solicitante: vendedor, secretaria, vigilante, etc., y les indicará que cuentan con 10 minutos para elaborar su historia personal y sus argumentos para solicitar un ascenso.
- Pedirá a los observadores que pongan especial atención en detectar actitudes inconscientes en ambas partes, y que preparen una guía de observación en base al modelo de entrevista dado.

DESARROLLO:

- Se forman los grupos y se dan las instrucciones.
- Pasados los 10 minutos de trabajo individual para preparar la actuación, se da la indicación de iniciar el ejercicio.
- Al terminar el ejercicio se realiza una mesa redonda, donde los observadores expresarán sus anotaciones.
- El grupo analizará la situación del ejercicio y sacará conclusiones.

EJERCICIO SOBRE ENTREVISTA DE EVALUACION DE DESEMPEÑO

(Hoja para el Instructor)

INSTRUCCIONES:

— Pida a los participantes que como tarea de casa diseñen una guía de entrevista de evaluación de desempeño y que la tengan lista para comunicarla al grupo y analizarla en el transcurso de la próxima sesión.

— Prepare en hoja de rotafolio una ampliación del modelo de guía de entrevista de evaluación que maneja la Compañía (copia del cual no se ha anexado al documento del participante).

— Una vez comentadas las proposiciones de los participantes fije a la vista del grupo el modelo de la Compañía y confróntelo contra las proposiciones individuales.

— Induzca a sacar conclusiones en base a diferencias y afinidades.

EJERCICIO SOBRE ENTREVISTA DE EVALUACION
DE DESEMPEÑO

(Hoja para el Participante)

INSTRUCCIONES:

- Elabore, en base al modelo de acción propuesto,
una guía de entrevista de evaluación de desempeño que considere eficaz y objetiva.
- Prepárese a comunicarla al grupo y a analizarla en
el transcurso de la próxima sesión.

EJERCICIO: EL CANDIDATO

USOS:

— Realizar una práctica real de preparación de la entrevista de selección.
— Tomar conciencia de los errores más frecuentes que se efectúan antes de entrevistar y que generan prejuicios inadmisibles.
— Capturar la experiencia ajena y asimilarla como retroalimentación en vías de obtener una preparación ideal para lograr entrevistas eficaces y objetivas.

RECURSOS MATERIALES:

— Un salón amplio e iluminado.
— Mesas y sillas.
— Papel.
— Lápiz.
— Forma de requisición.
— Formas de solicitud.

DURACION:

— 60 minutos.

TAMAÑO DEL GRUPO:

— 30 participantes máximo.

DISPOSICION DEL GRUPO:

— Sentados individualmente, lo más aislados que sea posible.

INSTRUCCIONES ESPECIFICAS:

— El instructor hará hincapié en que se va a trabajar

con formas de requisición de personal y de solicitud de trabajo reales, en las que se han respetado algunos datos, variando únicamente datos íntimos como nombre, dirección, etc. para salvaguardar la identidad de los involucrados.

— Cada participante recibirá un juego de formas, las cuales deberá analizar como si él hubiera hecho la requisición y las solicitudes correspondieran a los candidatos previamente seleccionados y aceptados por el departamento de personal, y que le son turnados para que él decida favorablemente por uno de ellos, y prepare la entrevista a la que posteriormente someterá a su favorito.

— Los participantes no deberán intercambiar información ni hacer comentarios durante el transcurso del ejercicio.

DESARROLLO:

— Se explica el ejercicio y se entregan los juegos de formas.
— El instructor da la señal para empezar.
— Al final del ejercicio se efectúa una mesa redonda para que los participantes hagan intercambio de sus conclusiones, comentarios, juicios, o apreciaciones, etc. sobre los candidatos.

RECOMENDACIONES ESPECIFICAS

— El instructor procurará conducir la discusión final a hacer resaltar el vicio de prejuzgar a los candidatos *sin realmente conocerlos* ni haber tenido un intercambio con ellos. También resaltará el hecho de que un mismo candidato es apreciado de muy diversas formas según el individuo que selecciona ("color del cristal con que se mire"), puesto que los prejuicios no se basan en la objetividad.

EJERCICIO: **PIDIENDO TRABAJO**

USOS:

— Poner en práctica lo visto en relación a la entrevista de selección.
— Recibir la retroalimentación en relación a la actitud y desenvolvimiento personal como entrevistador.

RECURSOS MATERIALES:

— Un salón amplio.

DURACION:

— 10 minutos para preparación.
— 20 minutos para el ejercicio.
— 10 minutos para analizar la experiencia y ofrecer retroalimentación.

TAMAÑO DEL GRUPO:

— 25 participantes máximo.

DISPOSICION DEL GRUPO:

— Subgrupos de 3 personas: 2 participantes y un observador.

INSTRUCCIONES ESPECIFICAS:

— El instructor pedirá al grupo que se divida en grupos de 3: 2 participantes que desarrollarán la entrevista, y un observador que tomará notas con fines de retroalimentación, pero no participará verbalmente.
— Indicará a todos los participantes que actuarán

como entrevistadores que cuentan con 10 minutos para elaborar su guía de entrevista de selección.

— Asignará individualmente un rol diferente a cada solicitante: vendedor, secretaria, vigilante, etc., y les indicará que cuentan con 10 minutos para elaborar su historia personal de acuerdo a su papel.

— Pedirá a los observadores que pongan especial atención en detectar actitudes inconscientes en ambas partes. Y que preparen una guía de observación en base al modelo de entrevista dado.

DESARROLLO:

— Se forman los grupos, se dan las instrucciones.

— Pasados los 10 minutos de trabajo individual para preparar la actuación, se da la indicación de iniciar el ejercicio.

— Al terminar el ejercicio se realiza una mesa redonda, donde los observadores expresarán sus anotaciones.

— El grupo analizará la situación del ejercicio y sacará conclusiones.

EJERCICIO: PERFILES PLURALES

USOS:

— Desarrolla la capacidad de interrelación en primeros encuentros a manera de ruptura de hielo.
— Propicia la involucración significativa en los participantes a través de una tarea distensiva que genere un clima de confianza.

RECURSOS MATERIALES:

— Hoja bond tamaño carta para cada pareja.
— Plumines de colores, un paquete por pareja.
— Mesas de trabajo, hojas de rotafolio y plumones.

DURACION:

— 90 minutos.

TAMAÑO DEL GRUPO:

— Ilimitado

DISPOSICION DEL GRUPO:

— En parejas sentadas cara a cara.
— Si el número total de participantes es non, el facilitador puede formar la última pareja.

INSTRUCCIONES ESPECIFICAS:

— Cuidar la inducción entusiasta de los participantes.
— Definir las cuatro etapas del ejercicio:
  a) no verbal,
  b) verbal;
  c) pequeños equipos de reflexión, y
  d) plenario de conclusiones.

DESARROLLO:

— Se forman las parejas según la estrategia que más convenga al facilitador (numerando, por conocidos, por afinidad, etc.).

— Se les informa que se realizará un dibujo cuyo contenido será el mismo para todas las parejas, a saber: un sol, una luna, un árbol y un perfil de hombre o mujer observando la escena.

— Se les pide que saquen de su envoltura los plumines para que puedan utilizarlos con facilidad.

— Se pasa entonces a aclarar las condiciones en que se realizará la tarea:

a) el dibujo se llevará a cabo en absoluto silencio.

b) cada miembro de la pareja tendrá que coger el plumín al mismo tiempo que su compañero y seguir los trazos de las figuras juntos, sin soltarlo.

c) la selección de los colores que crean pertinentes, tendrá que ser una negociación sin palabras y de alguna manera resuelta por la pareja.

— Se les da 20 minutos para esta primera fase.

— Terminada la expresión pictórica se les solicita, que entre los dos miembros de la pareja describan al anverso del dibujo, de forma escrita, ¿qué es lo que está pensando ese perfil humano que está viendo la escena? (Aquí la pareja puede decidir quién de los dos escriba).

— Se les da 20 minutos para esta segunda etapa.

— Terminada la narración se pasa a agrupar las parejas, de tres a cuatro de ellas según el tamaño del grupo y se les entrega una hoja tamaño rotafolio y un marcador a cada equipo, pidiéndoles que traten de contestar las siguientes preguntas:

+ ¿Qué tanta dificultad hubo para realizar con el mismo plumín y al mismo tiempo el dibujo?

+ ¿Cómo fueron seleccionados los colores con que habría que dibujarlo?

+ ¿Cómo se determinó la posición de la hoja para que los miembros de la pareja pudieran ver desde el ángulo correcto lo que se estaba haciendo?

+ ¿Qué dificultad se tuvo, en general, para trabajar en pareja y cuál fue la principal causa de ésta?

+ Si sintieron que en alguna de las partes hubo sumisión, ¿de qué naturaleza fue ésta?

+ ¿Cuáles son las ideas o imágenes más recurrentes de las narraciones?

+ ¿Qué tanto conocimiento interpersonal les proporciona el ejercicio?, y ¿de qué características es éste?

— Se les da veinte minutos a los subgrupos para satisfacer esta tercera etapa y se solicitan las hojas de rotafolio con las respuestas, para ser colgadas de las paredes y a continuación analizarlas cuidadosamente.

— Se trata de llegar a conclusiones grupales a través de una discusión de grupo libre.

EJERCICIO: **EL OVILLO KINESTESICO**

USOS:

- Permite visualizar el proceso de la asesoría o la labor asesora de un individuo frente al grupo.
- Sirve para analizar elementos de comunicación no verbal.
- Propicia la interaceptación, a nivel físico, en los miembros de un equipo de trabajo.

RECURSOS MATERIALES:

- Un salón amplio e iluminado, en donde el grupo en su conjunto pueda desplazarse cómodamente.

DURACION:

- De 20 a 30 minutos.

TAMAÑO DEL GRUPO:

- 20 personas máximo.

DISPOSICION DEL GRUPO:

- Parados al centro del salón.

INSTRUCCIONES ESPECIFICAS:

- Ninguna.

DESARROLLO:

- El instructor pide uno o dos voluntarios, aunque puede designar a alguien específico si sus necesidades instruccionales así se lo demandan.
- Les pide que salga o salgan del recinto donde se llevará a cabo el ejercicio.

— Al grupo que queda les pide se tomen de las manos haciendo un gran círculo.

— Se les induce a pensar que esa forma del grupo es, de alguna manera, su estructura original; pero que los grupos, en su propia dinámica tienden a desarrollar hábitos que aglutinan y hacen variar la estructura original.

— Se les solicita hacer un nudo humano lo más intrincado que puedan, sin soltarse de las manos hasta que se les de la indicación.

— Una condición importante es que los miembros del grupo que constituyen el nudo no podrán hablar mientras el asesor o asesores intenten deshacerlo.

— Se invita a entrar a las personas o persona que se les hizo salir y se les plantea que ellos asumirán el rol de asesores y que su tarea consistirá en llevar a ese grupo a su estructura original, que éstas no pueden soltarse de las manos y a la vez no pueden proferir palabra alguna.

— Pasado un tiempo razonable, si no han podido deshacer el nudo los asesores, se le pide al grupo que retome su estructura original sin soltarse de las manos.

— Se invita a sentarse a los participantes y se discute la experiencia, tratando de llegar a conclusiones.

EJERCICIO: CONSTRUCCIONES FAMILIARES

USOS:

- Dirigido a evaluar la capacidad de planeación y realización de actividades en conjunto y sus interferencias en el plano de los prejuicios individuales.
- Propicia el desempeño de papeles o roles cuya realización depende de la particular programación y autoprogramación social de cada participante en términos de manejo de expectativas.

RECURSOS MATERIALES:

- Un salón bien iluminado, amplio y con mesas dispuestas para el trabajo en equipos.
- Una caja de treinta y cinco dados de madera para cada equipo.
- Una venda para cada equipo.

DURACION:

- Mínimo dos horas.

TAMAÑO DEL GRUPO:

- 12 a 18 personas.

DISPOSICION DEL GRUPO:

- En equipos de cinco a seis personas y si sobran personas como observadores e incluso si el grupo lo permite, se puede de uno o dos *"alter egos"* para auxiliar a cualquiera de los personajes que cada subgrupo estime particularmente significativos.

106

INSTRUCCIONES ESPECIFICAS:

- El facilitador deberá tener singular cuidado en "vender" la idea del ejercicio al grupo.

DESARROLLO:

- Se explica el objetivo del ejercicio.
- Se plantea que el grupo se subdividirá en "Familias" a las cuales habrá que darles nombres lo más originales que sea posible.
- Cada familia se compondrá por los siguientes personajes: un hijo, un padre, una madre, una abuela, un abuelo y un vecino metiche. Que a su vez tendrán nombres dados por el grupo.
- Cada familia construirá una torre lo más alta posible, la familia que logre la de mayor niveles, dados encimados, será la ganadora.
- Cada miembro de las familias exceptuando los observadores, tendrá que aportar una cantidad de dinero para fijar una "polla" atractiva para los que fuesen a ser los ganadores.
- La principal condición en la que se realizará la tarea es que el único miembro que puede tocar los dados en cada familia es el que desempeñará el papel de hijo y éste mismo nada más los tocará con su mano no diestra, sea zurda o derecha la persona y además se le vendarán los ojos.
- Dependiendo de las necesidades del facilitador al ejercicio se le pone tiempo o se deja abierto.
- Se forman las familias, se recojen nombres y apuestas y antes de entregar los materiales se pide que los personajes, observando el grado de dificultad de la tarea, predigan cuantos *niveles de altura* logrará alcanzar el hijo de cada familia, incluyéndose él mismo. Es muy importante que esta información no se comunique hacia el interior del grupo sino que sea individual y se aparte, de tal manera que se compile separadamente por medio de

tarjetas que cada personaje le entregará al facilitador.

— Las indicaciones para los observadores se harán por aparte solicitándoles verifiquen el grado de desempeño de los papeles, así como sus interrelaciones.

— El facilitador mientras se realiza el ejercicio prepara una matriz de expectativas por familia con las tarjetas de predicción individual para confrontar las opiniones con el resultado final alcanzado por los grupos.

— Por último, antes de dar comienzo al ejercicio se fijará la regla, por todos los grupos, de qué se hará si se caen las torres al ser construidas.

— Al terminar es recomendable dirigir las conclusiones a analizar el cómo se movieron las expectativas individuales tanto en las relaciones interpersonales como en las tareas.

EJERCICIO: DERECHOS ASERTIVOS

USOS:

— Desarrolla las posibilidades de autoconocimiento y de ejercicio asertivo de la autoconfianza.
— Propicia en el participante la exploración de la autoafirmación, sus alcances y límites.

RECURSOS MATERIALES:

— Un salón amplio e iluminado.
— Hojas carta y lápices.

DURACION:

— 50 minutos.

TAMAÑO DEL GRUPO:

— Ilimitado

DISPOSICION DEL GRUPO:

— Primera fase individual.
— Segunda fase subgrupal.

INSTRUCCIONES ESPECIFICAS:

— Ninguna

DESARROLLO:

— Se solicita a los participantes que identifiquen individualmente los derechos que creen tener en la familia, el trabajo y la sociedad.
— Se forman subgrupos y se pide que traten de destacar, con las contribuciones de cada participan-

te, por lo menos cinco derechos que los subgrupos creen tener en lo familiar, lo laboral y lo social.
— Cuando terminan son leídas las conclusiones subgrupales pidiendo que se aclaren los puntos obscuros.
— El instructor pide entonces que dado que lograron determinar estos derechos, pasen a determinar aquéllos que creen tienen los miembros de sus familias, de su trabajo y de la sociedad.
— Se repite el proceso anterior y se llega a conclusiones.

DERECHOS ASERTIVOS

Hoja para el Participante

YO TENGO DERECHO

En mi casa a:

_____
_____
_____
_____
_____
_____

En mi trabajo a:

_____
_____
_____
_____
_____
_____

En mi grupo de amistades a:

_____
_____
_____
_____
_____
_____

DERECHOS ASERTIVOS

Hoja Para el Participante

LOS OTROS TIENEN DERECHO A RECIBIR DE MI:

En mi familia:

_____
_____
_____
_____
_____
_____

En mi trabajo:

_____
_____
_____
_____
_____
_____

En mi grupo de amistades:

_____
_____
_____
_____
_____

EJERCICIO: " EN TIERRA DE CIEGOS". . .

USOS:

- Auxilia en al análisis del liderazgo.
- Permite el estudio de la impartición y recepción de órdenes.
- Explora los elementos emocionales involucrados en la resistencia o aceptación del mando.

RECURSOS MATERIALES:

- Un salón amplio e iluminado.
- Una mesa al centro del salón.
- Jarras con agua y vasos.
- 5 vendas con sus broches.
- Masking tape.

DURACION:

- 40 minutos.

TAMAÑO DEL GRUPO:

- 20 personas.

DISPOSICION DEL GRUPO:

- Sentados a la mesa de trabajo.

INSTRUCCIONES ESPECIFICAS:

- Ninguna.

DESARROLLO:

- Se solicitan diez voluntarios de entre los participantes que pasen al frente.

- Se forman dos grupos de cinco personas cada uno.
- Al primer grupo se le proporcionan cuatro vendas y al segundo una sola.
- Se les pide que las vendas sean utilizadas para cubrir los ojos de tantas personas como igual número de vendas le haya correspondido a cada grupo.
- Las personas que hayan quedado sin vendas en cada grupo, jugarán el roll de dirigentes de los ciegos.
- El instructor marca una cuadrícula en la superficie de la mesa central en donde deposita cinco vasos con la boca hacia abajo y pone dos jarras con agua señalando sus niveles a los lados de estos, correspondiendo cada jarra a un grupo.
- La tarea de los grupos consiste en que los ciegos llenarán los vasos con agua y los llevarán por todo el rededor del salón sin que nadie quite los estorbos que en el camino hayan podido quedar.
  Toda esta acción dirigida por los no ciegos.
- Al terminar la caminata de los ciegos, éstos tienen que vaciar los vasos en sus respectivas jarras y dejarlos tal y como los encontraron.
- Se verifica si hay discrepancia en los niveles iniciales de las jarras y se pasa a analizar el proceso de la experiencia.
- Se llega a conclusiones.

EJERCICIO: ALEBRIJES Y QUIMERAS

USOS:

- Desarrolla la habilidad en la comunicación no verbal.
- Explora la creatividad y la fantasía.
- Propicia el encuentro con la dimensión mítica, en tanto forma esencial de comunicación.
- Constituye una herramienta de diagnóstico para determinar el tipo de sentimiento que profesan los individuos hacia su comunidad de trabajo, o también, la visualización que éstos hacen de su núcleo familiar.

RECURSOS MATERIALES:

- Mesas en una disposición que permitan el trabajo de parejas cara a cara.
- Plumones/marcadores de varios colores, cinco por cada pareja.
- Una hoja de tamaño rotafolio por pareja.

DURACION:

- 80 minutos aproximadamente.

TAMAÑO DEL GRUPO:

- De 16 a 18 participantes (de preferencia haciendo que sea un número par la totalidad de individuos, en caso de ser impar, el facilitador formará parte de la última pareja).

DISPOSICION DEL GRUPO:

- En parejas colocadas frente a frente sentadas a la mesa.

INSTRUCCIONES ESPECIFICAS:

— Quizá la mayor dificultad de este ejercicio sea la de "vender la idea" para soltar la mano e imaginación de los participantes. De ahí que lo primero que hay que especificarle al grupo sea el hecho de que si bien se trata de un trabajo creativo, de ninguna manera se evaluará o calificará la destreza artístico-pictórica de ellos.

— Ya esclarecido esto, se pasa a trabajar las tres ideas básicas del ejercicio, comenzando por la idea del alebrije (término acuñado por Don Pedro Linares, artesano de la Ciudad de México, de allá por los rumbos del mercado de Sonora). El alebrije es una artesanía de cartón y esmalte de vivos colores que suele representar un bestiario nacido de la fantasía, combinando especies y formas: figuraciones exhuberantes de puro placer estético; hermanados con los judas, las calacas y las piñatas, revolotean en los altares de los difuntos el día de los muertos. Posiblemente los cartoneros mexicanos realizan, con lujo de síntesis, uno de los anhelos más viejos del hombre: conjuntar finitud y perpetuidad resuelta en un animal extraordinario parido por una imaginación banal, que quisiera asustarse a sí misma con aberraciones de tan grotescas, si no bellas, por lo menos perfectas, hechas a imagen y remedo del miedo mismo; otrora y en otra cultura, fueron llamadas Quimera, que es la segunda idea que hay que tratar.

— En *El libro de los seres imaginarios*, Don Jorge Luis Borges Acevedo nos dice que . . . "La primera noticia de la Quimera está en el libro VI de la *Iliada*. Ahí èstá escrito que era de linaje divino" (según Don Angel Ma. Garibay K. en su *Mitología Griega*, nos refiere que era hija de Tifón y Equidna, hermana de la Esfinge, de la Hidra de Lerna y del León de Nemea), por delante era un león, por el medio una cabra y por el fin una serpiente;

echaba fuego por la boca y la mató el hermoso Belerefonte, hijo de Glanco, según lo habían presagiado los dioses (. . .) pero la Teogonía de Hesíodo la describe con tres cabezas, y así está figurada en el famoso bronce de Arezzo (que data del siglo V, a.C.). En la mitad del lomo está la cabeza de cabra, en una extremidad la de serpiente, en otra la de león" . . ..

Lo interesante de este fabuloso ser mítico, en términos de asociaciones y reflexiones jugosas, se da por partida doble, por un lado, nos lo encontramos hermanado con otros seres fantásticos y por otro, no nos queda más que sorprendernos por ciertas peculiares semejanzas en las muertes de los extraordinarios hermanos.

Cuando el facilitador pasa a analizar estas condiciones de muerte, irrumpe de lleno en el espacio mítico, que es la tercera idea a trabajar con el grupo. El León de Nemea y la Hidra de Lerna son muertos por Hércules y la Esfinge por Edipo, al descifrarle éste su enigma. Ahora bien, hay varias cosas en común entre estos tres héroes persecutores y verdugos de "aberraciones monstruosas", pero una los vincula de manera especial y ésta en sus peculiares o poco usuales relaciones con sus respectivos núcleos familiares: Belerefonte mata a sus hermanos, Hércules mata a sus hijos y Edipo a su padre, pero también el primero mata a la Quimera, el segundo al León de Nemea y a la Hidra de Lerna y el tercero a la Esfinge. ¿Qué es lo que la imaginación griega de aquel entonces, a través del mito, nos está queriendo decir? La primera asociación que salta a la vista es que los tres héroes por separado deshacen su vínculo familiar pero también entre los tres desintegran otra familia al exterminar a los hijos de Tifón y Equidna. Esto nos lleva a considerar que está muy cerca el concepto de familia para pasarlo por alto; así

pues, como asesinos de parientes y verdugos de
los vástagos de la desolación, se nos antoja una
ruptura, una desvinculante demarcación entre la
familia y seres que se constituyen a sí mismos merced a estas muertes: estos seres y esta construcción no es otra cosa más que la aparición del individuo (quizá hasta del individualismo). Incluso le
podemos sumar un dato que es como una segunda
asociación y es el hecho de que los monstruos
muertos, son monstruos precisamente por ca-
recer de género (aunque el León de Nemea en
apariencia fuese un león, las características de su
piel acorazada le hacen perder su familiaridad con
los felinos) y son hermanos por su calidad de enclaves de la devastación (recuérdese que es Tifón
el único dios que hace huir a los ciudadanos del
Olimpo más allá de Egipto y que se le imputa la
muerte de Dionisios; dios de la vida en grupo o
ritualización de la colectividad).
Estos monstruos son formas en que se representa,
si no el caos en su acepción lata, si la subversión
del orden vital.
Comparando las muertes, las primeras, que ocu-
rren hacia el interior de la familia, rompen con el
orden consanguíneo natural, una forma de la subversión del orden vital, acto de tal naturaleza, que
a los héroes los arroja a la soledad del esfuerzo individual, pero al matar a la aberración monstruo-
sa, parece como si el mito nos sugiriese que han
pagado su "deuda natural" al ayudar a establecer
el orden vital.
Es más la heroicidad de estos personajes consistente en su denodado esfuerzo por presionar el
curso del orden vital a través de actos tan excep-
cionales como extraordinarios.
Tanto los Alebrijes como la Quimera y sus hermanos son representaciones de la no coherencia frente al individuo, de la inaprensible congruencia to-

tal; son alegorías que invitan al hombre a poner en juego toda su astucia, como en el caso de Belerefonte, toda su fortaleza, como en el caso de Hércules, y toda su inteligencia, como en el caso de Edipo, para vencer el miedo pánico que nos impide actuar ante la imposibilidad de comprender absolutamente. No hay que olvidar que la omniciencia y la omnipotencia son características divinas, al hombre le queda la sagacidad y persistencia.

— Hay que poner atención en una inducción entusiasta de los participantes.

— Es conveniente saber definir de antemano las etapas del ejercicio, a saber:
   a) diseño no verbal de la figura
   b) descripción del contenido e historia de la figura en cada pareja.
   c) historia del personaje que aniquilará la figura.
   d) análisis y comentarios de los contenidos manifestados.

DESARROLLO:

— Se forman las parejas según la estrategia que más convenga al facilitador (numerando, por conocidos, por afinidad, etc.).

— Se les informa que cada pareja tendrá que desarrollar en una acción conjunta un dibujo, a todo color, del monstruo más espeluznante y feroz que puedan crear. (*Nota Bene:* si se busca una proyección de clima, se puede dirigir el ejercicio por medio de señalar que ese alebrije o quimera representará a la organización laboral o familiar).

— Cuenta, cada pareja, para realizar la tarea con cinco marcadores o plumones y una hoja de rotafolio.

— Las condiciones en las que se realizará tal tarea son:
   a) el dibujo se llevará a cabo en absoluto silencio.

b) cada miembro de la pareja tendrá que seleccionar el color del plumón —sin ninguna palabra de por medio— al mismo tiempo que su compañero, tomarán simultáneamente el marcador y seguirán los trazos de la figura juntos, sin soltarlo, y evitando hasta donde sea posible, el que uno de los dos miembros se subordine al otro.

c) Tanto colorido como trazo, tendrá que ser negociado apelando a la sensibilidad de los integrantes de la pareja, evitando las palabras.

— Se les da 15 minutos para esta primera etapa.

— Terminado el dibujo, se les pide a las parejas que al reverso de la imagen, o en hoja carta anexa, cuenten, con exuberancia narrativa, la historia del alebrije que acaban de hacer. Su monstruosidad, su terrorífica presencia y las características que provocan el pavor pánico.

— Se les solicita también que al terminar la historia del alebrije, narren, con el mismo lujo de detalles, quién y cómo es el héroe que le dio, le da, o le dará muerte. En qué condiciones y porqué lo destruye.

— Se les proporciona también minutos para esta etapa y con ello se les indica que es obvio que pueden hablar para ponerse de acuerdo y que pueden elegir quién escriba.

— Concluidas las narraciones escritas, se les pide que una a una las parejas vayan pasando a mostrar su alebrije al grupo y a narrarle sus historias correspondientes.

— Al finalizar se procura enlistar las características tanto de monstruos como de héroes, procurando un perfil en ambos casos.

— La reflexión se dirigirá a elucidar sobre heroicidad, adversidad e individuo; se llega a conclusiones.

120

EJERCICIO: . . . SEGUN EL CRISTAL POR EL QUE SE MIRA

USOS:

- Ayuda a determinar el rol de los participantes destacando las personalidades más fuertes.
- Permite detectar las conductas individuales más significativas para el grupo.
- Estimula la participación de todos los miembros del grupo.

RECURSOS MATERIALES:

- Un salón amplio e iluminado.
- Rotafolio y plumones.
- Una mesa de trabajo para el grupo, montada en forma de herradura.
- Tres espejos de mano del mismo tamaño.

DURACION

- 35 minutos.

TAMAÑO DEL GRUPO:

- 18 personas.

DISPOSICION DEL GRUPO:

- Libre.

INSTRUCCIONES ESPECIFICAS:

- Es importante que el instructor maneje los fundamentos básicos del sociograma (véase Moreno, J. L., *Fundamentos de la Sociometría*, Ed. Paidós, B.A., 1972), para poder graficar a manera de semblanza, las incidencias en el desarrollo de los participantes.

DESARROLLO:

- Se pide al grupo pase al centro, en medio de la mesa.
- Se **solicitan** tres voluntarios a los cuales se les entregan los espejos y se les indica que desde el otro lado de la mesa volteados de espalda observen al grupo cuidadosamente.
- A los participantes con espejo se les distribuye en tres ángulos diferentes.
- Al grupo que queda al centro se le reúne y tratando de que no escuchen aquéllos que tienen los espejos, se les pide, que moviéndose constantemente, realicen actividades como amarrarse las agujetas, limpiarse las uñas, peinarse, etc.
- Después de unos 3 minutos.
- Se piden otros 3 voluntarios y a éstos se les entregan los espejos, integrándose los primeros con la misma indicación de actividades libres.
- Al término de 3 minutos, todo el grupo, se reintegrará a la mesa y se pide, a los que observaron por los espejos, digan a qué personas vieron con mayor insistencia.
- Se grafica en el rotafolio la respuesta del primer equipo y en hoja aparte la del segundo.
- Se analizan las discrepancias y semejanzas y se trata de llegar a conclusiones.

EJERCICIO: ESTATUAS

USOS:

- Propicia la cohesión de los grupos.
- Ayuda a examinar las percepciones de sus miembros.
- Facilita la creatividad.
- Proporciona una aproximación al establecimiento de la investigación de las dinámicas del liderazgo.

RECURSOS MATERIALES:

- Un salón amplio e iluminado.
- Mesas y sillas.
- 25 ó 30 kilos de arcilla.
- Una pieza de madera, lo suficientemente grande como para soportar la arcilla.

DURACION:

- 60 minutos.

TAMAÑO DEL GRUPO:

- 12 personas o menos.

DISPOSICION DEL GRUPO:

- Libre.

INSTRUCCIONES ESPECIFICAS:

- Este ejercicio logra sus mejores resultados cuando se utiliza en los últimos niveles del desarrollo del grupo.
- El ejercicio es 100% no-verbal.

DESARROLLO:

— El facilitador explica al grupo las siguientes instrucciones: El grupo debe crear una escultura con la arcilla, para lo cual se dispone de una hora y por ningún motivo se debe hablar durante ese lapso. El grupo debe tomar conciencia de dónde han estado y dónde están ahora, como grupo, y representar esa trayectoria en la escultura de arcilla. Cada participante puede añadir, quitar o modificar la arcilla de cualquier manera que lo sienta adecuado. Dado que son muchos individuos trabajando sobre la misma masa de arcilla, pueden individualmente, separar una porción, trabajar en ella separadamente y después añadirla al conjunto total.

— Al finalizar la hora dedicada a la escultura, el grupo discutirá la experiencia.

— Durante la discusión es conveniente que el facilitador insista en los siguientes puntos:

— ¿Qué observó cada participante de sí mismo mientras trabajaba con la arcilla: ¿Qué observó en los demás participantes? ¿Se sienten satisfechos con el resultado final de la escultura?, sí, no, ¿Por qué? ¿Cuántas veces cambió de forma la escultura? ¿Por qué?

— ¿Qué tipo de retroalimentación se le dió al grupo mediante la escultura? ¿Trabajó cada invididuo en una porción pequeña o grande? ¿Por qué? ¿Fueron conscientes de la arcilla en sí? O sea, forma, peso, textura, color, olor, temperatura, etc.? En caso afirmativo ¿Qué notó? En caso negativo ¿Por qué?

— ¿Quién se hizo responsable de la escultura? ¿Cómo ganó esa posición de liderazgo? ¿Por qué lo permitieron los demás?

VARIACIONES:

Variación I:

- Ponga a cada miembro a trabajar en una escultura.
- Después pida a cada participante que explique el significado de su escultura.
- A continuación pida al grupo que decida cuál escultura es la "mejor", no defina qué se debe entender por *mejor*.
- Durante la discusión, concéntrese en aclarar lo que cada participante sintió al ser juzgada su escultura, ¿Qué sintió al perder la competencia? o ¿Qué sintió al ganar?

Variación II:

- Pida a los participantes que formen pareja con individuos hacia los cuales se hayan mostrado distantes o en contra durante el proceso anterior del grupo.
- Cada pareja trabajará, sin hablar, en formar una escultura.
- Durante la discusión final concéntrese en analizar los cambios sufridos en la interrelación de cada pareja, en los cambios de sentimientos el uno hacia el otro. Investigue las razones para que los cambios se dieran.

Variación III:

- Pida a los participantes que formen parejas con individuos hacia los cuales se hayan mostrado afectuosos y positivamente identificados.
- Cada pareja trabajará, sin hablar, en formar una escultura.
- Durante la discusión final concéntrese en analizar los cambios sufridos en la interrelación de cada

pareja, y en los cambios de sentimientos dentro
de ellas. Investigue las razones para que los cambios se dieran.

Variación IV:

— Puede combinarse con el ejercicio: Alebrijes y
Quimeras.

EJERCICIO: **SOLIDEZ**

USOS:

- Analiza el sentimiento de aceptación de individuos y grupos en el plano de la experiencia física.
- Ayuda a fortalecer la autoimagen de personas, que dentro del proceso de un grupo sientan deteriorada su vincularidad al mismo.
- Retroalimenta al grupo para desarrollar destrezas en el manejo de escisiones.

RECURSOS MATERIALES:

- Un salón amplio y bien iluminado.

DURACION:

- 30 minutos.

TAMAÑO DEL GRUPO:

- de 16 a 18 personas.

DISPOSICION DEL GRUPO:

- Al centro del salón.

INSTRUCCIONES ESPECIFICAS:

- Se recomienda emplear este ejercicio en grupos ya entrenados en trabajar en equipos y sensibilizados en un manejo asertivo de la retroalimentación.

DESARROLLO:

- Detectado un comportamiento disidente o en vías

de escisión el facilitador debe planteárselo al grupo, haciéndoselo notar con sumo cuidado.
- Se le pide al grupo que pase al centro del salón y que ahí hagan un círculo dejando al centro a la persona en cuestión.
- A los participantes que forman el círculo se les solicita que se abracen fuertemente pasando los brazos por la espalda de sus compañeros y tomándolos de la cintura
- Se les hace notar lo importante que es el hecho de que queden herméticamente cerrados.
- Entonces a la persona que ha quedado adentro del círculo se le pide que intente salir.
- Después de unos cinco minutos de esfuerzo se para el ejercicio y se pasa a discutirlo.
- Se hace hincapié en el nivel emocional de los participantes, explorando las razones por las cuales el personaje del centro no empleó acciones más drásticas, o por qué si las usó.
- Se llega a conclusiones.
- Una forma de variar el ejercicio es combinarlo con el ejercicio "Integración".

EJERCICIO: GENESIS DE LA MOTIVACION

USOS:

— Incrementa el conocimiento de las motivaciones al logro a nivel personal.
— Desarrolla la habilidad de determinar los lugares, ideas, cosas y personal que estimulan o inhiben el desarrollo de los individuos.

RECURSOS MATERIALES:

— Los objetos que se encuentren a la mano.
— Hojas carta y lápices.
— Salón amplio e iluminado.

DURACION:

— 90 minutos máximo.

TAMAÑO DEL GRUPO:

— 20 participantes aproximadamente.

DISPOSICION DEL GRUPO:

— En subgrupos de 4 a 5 personas.

INSTRUCCIONES ESPECIFICAS:

— Es recomendable que el instructor haya estudiado con anterioridad la teoría y práctica del psicodrama y el sociodrama de Jacob L. Moreno.

DESARROLLO:

— El facilitador promueve una discusión preliminar en la cual se destacan los conceptos de lugares, ideas, cosas y personas que generan en los participantes situaciones y ambientes típicamente nutritivos y gratificantes proporcionándoles motivos para actuar en la propia consecución de sus metas familiares, sociales y laborales.

— Se pide que hagan un listado que sea lo más aproximado a estos factores estimulantes.

— Se forman los subgrupos y se plantea que el objetivo del ejercicio es escribir, ensayar y representar una obra de teatro, utilizando diálogos, mímica y creatividad personal. El tema se construirá a partir de los listados de cada uno de los participantes, de tal manera que el resultado de la conjunción sea: a) presentación de la situación, b) planteamiento o tesis de la situación y c) solución o final de la situación, que tenga una duración máxima de 10 minutos en escena.

— Para diseñar la escenificación contará con 20 minutos.

— Una condición importante es que todos los participantes de los subgrupos participen en la representación.

— Otra, no menos importante, es que todas las obras tendrán el título de "Génesis de la Motivación" y, que deberán justificar tal nombre.

— Al terminar las representaciones, se pasa a una discusión libre en la cual se analizan las representaciones y se trata de llegar a conclusiones confrontando origen y causa o tipo de motivos.

EJERCICIO: LINEA DE VIDA O HISTORIA EXISTENCIAL

USOS:

- Dirigido a la sensibilización de los participantes en las diferencias individuales.
- Permite a los participantes un acercamiento a la interaceptación.

RECURSOS MATERIALES:

- Un salón amplio e iluminado.
- Hojas carta y lápices.

DURACION:

- De una a dos horas.

TAMAÑO DEL GRUPO:

- 18 participantes.

DISPOSICION DEL GRUPO:

- En equipos de cinco a seis personas en círculos cerrados.

INSTRUCCIONES ESPECIFICAS:

- Utilizar la gráfica anexa para explicar las preguntas.

DESARROLLO:

- Se les pide a los participantes, con toda anticipación, que contesten a las siguientes preguntas, lo más amplio y detallado que se pueda y de manera individual:

a) Alrededor de las circunstancias de su nacimiento; qué es de lo que ellos se hayan en-
terado:
Lo que más grato recuerdan y lo que no les
haya gustado.

b) A la mitad del número de años que hayan vivido
¿Cuál fue una experiencia profundamente
agradable? y ¿cuál fue una profundamente
desagradable?

c) En la actualidad
¿Qué es lo que más les gusta de la vida?
¿Qué es lo que no les gusta?

d) Pensando en un número de años límite de
vida, y sacando la mitad de la edad que tienen y la que posiblemente vivan
¿Qué les gustaría lograr?
¿Qué no les gustaría que ocurriese en su vida?

e) En el momento de morir
¿Cómo les gustaría morir?
¿Cómo no les gustaría morir?

— Ya contestadas estas preguntas haga los subgrupos
e indíqueles que vayan narrando éstas hacia el interior de cada grupo, haciendo hincapié en permitir que se hagan preguntas.

— Al finalizar, trate de llegar a conclusiones.

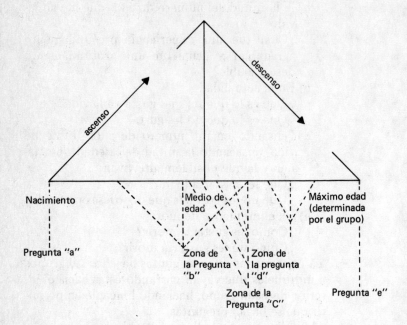

ascenso

descenso

Nacimiento

Medio de
edad

Máximo edad
(determinada
por el grupo)

Pregunta "a"

Zona de
la Pregunta
"b"

Zona de
la pregunta
"d"

Zona de la
Pregunta "C"

Pregunta "e"

EJERCICIO: **REACCION EN CADENA**

USOS:

- Excelente para reestimular a un grupo cansado.
- Ayuda al análisis de acciones irreflexivas.
- Se presta para analizar los comportamientos defensivo-agresivos y ofensivo-agresivos.

RECURSOS MATERIALES:

- Un salón amplio e iluminado.
- Periódicos viejos de formato grande de preferencia, en suficiente cantidad como para que les toquen tres o cuatro pliegos a cada participante.

DURACION:

- 15 minutos.

TAMAÑO DEL GRUPO:

- 16 ó 18 participantes.

DISPOSICION DEL GRUPO:

- Al centro del salón.

INSTRUCCIONES ESPECIFICAS:

- Es recomendable emplearlo en procesos avanzados de entrenamiento. Es importante que el instructor se coluda con un participante de antemano.

DESARROLLO:

- Se le entrega a cada participante sus pliegos de periódico correspondiente.

- Se les exhorta a recordar sus trabajos de habilidades manuales de la infancia.
- Acto seguido que tomen sus tres o cuatro pliegos de periódico de las puntas y lo estiren por su parte más larga.
- Es importante que el instructor vaya poniendo la muestra.
- Con el periódico extendido y tomando de sus puntas o ángulos superiores se deja colgar la hoja libremente.
  Y de ahí, de esa posición parte a enrollarlas de la manera más pareja posible.
- Se da tiempo para que todos lo vayan haciendo al unísono.
- Se alisan los rollos y a la voz de "AHORA" el instructor y su coludido comienzan a propinar sendos periodicazos a todos los compañeros que tengan a su alrededor.
- Ya aparecida la reacción en cadena, todos contra todos, se para el ejercicio y se analiza.
- Se trata de establecer brevemente los motivos de cada participante para sus acciones dentro de la experiencia.
- Se llega a conclusiones.

EJERCICIO: LA DANZA DE LOS MAMUTS

USOS:

- Permite analizar el proceso de exposición personal frente a los grupos.
- Ayuda a estudiar la resistencia al cambio de la autoimagen individual de los participantes.
- Auxilia en el estudio del sentimiento de ridículo como barrera de la actuación personal.

RECURSOS MATERIALES:

- Un salón amplio e iluminado.

DURACION:

- 30 minutos.

TAMAÑO DEL GRUPO:

- 20 personas.

DISPOSICION DEL GRUPO:

- En equipos de cuatro o cinco personas.

INSTRUCCIONES ESPECIFICAS:

- Es conveniente aplicarlo cuando el proceso de entrenamiento va en su primera mitad, ya que enriquece mucho la discusión.

DESARROLLO:

- Se introduce al ejercicio con una breve charla sobre danzas tribales como vehículo propiciatorio; la importancia de la danza y su particular

valor cohesivo hacia el interior de la colectividad. Después se pueden poner ejemplos de fuerza cohesiva como las danzas griegas, derviches,
mayas, tarascas, etc.

— Se forman los subgrupos según la estrategia que
más convenga al instructor.

— El planteamiento del ejercicio es el siguiente:

a) Todos los subgrupos tendrán que desarrollar
una música fundamentalmente rítmica.

b) Todos los subgrupos desarrollarán pasos rít-
micos que sean comunes a todos sus miembros.

c) La única condición es la posición global de los
subgrupos que será la misma, a saber: se des-
cribirá en cada subgrupo un círculo cerrado al
tomarse de las manos de la siguiente manera:
cada participante pasará su brazo derecho por
abajo de su entrepierna, de forma que le tome
la mano izquierda a su compañero de atrás, y
con su propia mano izquierda tome la mano derecha de su compañero de adelante.

— Se le da diez minutos a los subgrupos para que
preparen su danza y después cada uno de los equipos la representa frente a sus compañeros.

— Al terminar se pasa a una exploración exhaustiva
de los sentimientos que se presentaron en los
participantes.

— Se llega a conclusiones.

EJERCICIO: **ABRAZO DIMENSIONAL**

USOS:

- Auxilia en la expresión física del sentimiento de confianza de los miembros de un grupo hacia su líder.
- Ayuda a analizar la diferenciación emocional entre pertenencia y vincularidad a los grupos.

RECURSOS MATERIALES:

- Un salón amplio y bien iluminado.

DURACION:

- 15 minutos.

TAMAÑO DEL GRUPO:

- De 12 a 16 personas.

DISPOSICION DEL GRUPO:

- Al centro del salón.

INSTRUCCIONES ESPECIFICAS:

- Ha mostrado espléndidos resultados si se aplica al finalizar un proceso de integración de equipos sobre todo en niveles gerenciales y directivos.

DESARROLLO:

- Casi al término de un encuentro de integración de equipo, se solicita a los participantes que pasen al centro del salón.
- Se coloca al jefe estructural del grupo justamente al centro.

— En orden jerárquico se colocan a sus colaboradores alrededor de él, de tal manera que se formen varias capas o dimensiones de proximidad.

— Entonces es cuando se les solicita que lo abracen, aunque lo estrujen un poco, tratando de transmitir toda la confianza posible.

— Se mantiene el abrazo por un minuto y se procede, acto seguido, a discutir la experiencia.

— Es conveniente dirigir los comentarios y opiniones para que preferentemente se manifieste por todos lo sentido en la pequeña vivencia.

— Se introducen los conceptos de pertenencia y vincularidad y se llega a conclusiones.

EJERCICIO: INTENCION Y QUERER

USOS:

— Sensibiliza a los participantes en la indagación de motivos personales de acción.
— Permite el acercamiento a la intencionalidad en tanto núcleo de la motivación.
— Explora el efecto auditivo, a nivel emocional, de nuestras propias palabras.

RECURSOS MATERIALES:

— Salón amplio e iluminado.
— Papel y lápiz, para cada participante.

DURACION:

— 60 minutos aproximadamente.

TAMAÑO DEL GRUPO:

— 12 personas ideal.

DISPOSICION DEL GRUPO:

— Libre en el trabajo individual.
— En círculo en el procesamiento global.

INSTRUCCIONES ESPECIFICAS:

— Este es un ejercicio que promueve una alta reflexión, en temas muy sensibles. Por tal motivo se recomienda algunas lecturas previas para el instructor. Sobre el concepto de intencionalidad: Ricoeur, Paul, *Finitud y culpabilidad*, Taurus, España, 1969. Referente al concepto de querer: Abad Carretero, Luis, *Instante, querer y realidad*, Fondo de Cultura Económica, México, 1958.

— La presente experiencia se suele aplicar en procesos avanzados de formación, habiendo demostrado magníficos resultados, en tanto que a esas alturas es de esperarse que los grupos ya hayan logrado el establecimiento de sus códigos comunicativos tanto en sus formas verbales como en las no verbales.

DESARROLLO:

— Se les solicita a los participantes que ubiquen, de la manera más precisa que sea posible, cinco acciones, particularmente significativas, que dentro de su vida cotidiana, piensen se requieran realizar, pero que no *puedan* llevarlas a cabo.
V.R.G.: no puedo ser más amable con la familia política, no puedo demostrar más cariño o paciencia a los seres queridos, no puedo ser más sólido o consistente en la acción laboral, etc.
— El instructor pide se anoten estas cinco acciones en papel y se les da tiempo para tal efecto.
— Concluida la acción individual se reúnen en círculo y se pide a los participantes que lean sus frases cambiando solamente la palabra "puedo" por "quiero".
— El grupo escucha y puede explorar los asertos de sus compañeros.
— Al terminar se provoca la reflexión, tratando de llegar a conclusiones.

EJERCICIO: ALAMBRES Y ETIQUETAS

USOS:

— Promueve el conocimiento interpersonal a través de la apertura y la autorrevelación.
— Propicia el enriquecimiento interpersonal sensibilizando a los participantes a apreciar otras experiencias vitales.

RECURSOS MATERIALES:

— Trozos de alambre galvanizado de un metro para cada participante.
— Diez etiquetas colgantes para cada participante (dejando un buen tanto adicional, para aquél que requiera más).
— Lápices.
— Salón amplio o iluminado.

DURACION:

— De 3 a 4 horas:
   a) Fase individual 60 minutos.
   b) Fase grupal 180 minutos.

TAMAÑO DEL GRUPO:

— De 12 a 16 participantes.

DISPOSICION DEL GRUPO:

— Primero, individual y libre.
— Segundo, grupal en círculo cerrado.

INSTRUCCIONES ESPECIFICAS:

— Este es un ejercicio para ser puesto en etapas avanzadas de entrenamiento en grupo.

- Vale la pena que el instructor confronte este ejercicio con Línea de Vida o Historia Existenciaria, puede sacar interesantes conclusiones, a manera de variantes.
- Tómese en cuenta que aunque se recomienda aplicarla en grupos pequeños la variable que hay que tomar en cuenta para decidir realizarlo en un grupo mayor, es la del tiempo.

DESARROLLO:

- Se distribuyen los alambres y las etiquetas entre los participantes.
- El instructor induce al grupo a una reflexión sobre aquellos acontecimientos que marcaron y marcan nuestra vida en términos de cambios significativos y decisivos.
- Además sobre qué cambios nos gustaría ver en un futuro en nuestra forma de vida.
- Así pues, se pide a los participantes que les den forma a su alambre de manera que plásticamente se aprecie el cómo ven sus vidas de principio a fin, v.g.: como línea curva, recta, quebrada, etc.
- Se les solicita que anoten en sus etiquetas los acontecimientos que implicaron cambios significativos en el pasado y en el presente y aquellos que les gustaría que ocurriesen.
- Cada etiqueta será colgada en el tramo correspondiente de su alambre.
- Terminado el trabajo individual se pasa a formar el círculo y espontáneamente cada participante va exponiéndole al grupo sus acontecimientos.
- El grupo escucha y explora sobre las formas de los alambres y los contenidos de las etiquetas.
- Al finalizar se llega a conclusiones por medio del análisis de la experiencia.

EJERCICIO: INTEGRACION

USOS:

- Permite la integración emocional de nuevos miembros a grupos avanzados en procesos de entrenamiento.
- Auxilia en el análisis de las reacciones emocionales de los participantes de un grupo ante nuevos miembros.
- Ayuda en el estudio de la comunicación no verbal como vehículo de aceptación o rechazo de determinadas personas.

RECURSOS MATERIALES:

- Un salón amplio e iluminado.

DURACION:

- 30 minutos.

TAMAÑO DEL GRUPO:

- De 16 a 18 personas.

DISPOSICION DEL GRUPO:

- Al centro del salón.

INSTRUCCIONES ESPECIFICAS:

- Es muy importante que el instructor se coluda con alguno de los miembros del grupo receptor por si hace falta facilitarle el acceso a la persona que será integrada.

144

DESARROLLO:

- Se convoca al grupo a pasar al centro del salón y se les plantea que el ejercicio consiste en integrar físicamente a la persona que recientemente se acaba de integrar al grupo, o que en ese momento se encuentre particularmente distante de la acción del grupo.
- Se les pide a los participantes se tomen de los hombros haciendo un círculo lo más hermético que se pueda y que lo mantengan estrechamente cerrado.
- A la persona que se integrará se le solicita que penetre ese círculo humano.
- Si después de unos diez minutos no ha logrado penetrar el círculo, entonces al participante coludido se le da la señal de que permita la entrada de la persona, evitando la frustración de la misma.
  (Nota: ésta es una decisión del instructor, de manera que la acción resulte en beneficio de su estrategia formativa).
- Al terminar se pasa a discutir la experiencia, recomendando que se destaquen los aspectos sentimentales de las personas.
- Se llega a conclusiones.

EJERCICIO: **TOPOGRAFIA DE LOS RECUERDOS**

USOS:

- Incrementa el conocimiento interpersonal.
- Proyecta vivencias íntimas que hablan sobre la experiencia vital que modela motivos en cada individuo.
- Rompe el hielo bajo una tónica de amplia amabilidad, pues no es amenazante y ello propicia un rápido clima de confianza.

RECURSOS MATERIALES:

- Papel bond tamaño doble carta.
- Lápices y gomas.
- Un salón amplio y cómodo.

DURACION:

- En la versión individual de 2 a 4 horas.
- En la versión subgrupal de 1 a 2 horas.

TAMAÑO DEL GRUPO:

- En la versión individual máximo 15 personas.
- En la versión subgrupal máximo 20 personas.

INSTRUCCIONES ESPECIFICAS:

- Ninguna.

DESARROLLO:

- El facilitador pide a los participantes que realicen un plano en planta (lay-out) en que se distingan las áreas de tres casas en donde hayan pasado su vida (comedor, sala, cocina, recámara, patios, etc.): infancia, adolescencia y actualidad.

- Ya realizados los planos de esas casas se les solicita que encuentren en sus recuerdos y los localicen gráficamente: a) el lugar donde habitaron más, b) el lugar en donde vivieron la experiencia más agradable y c) el lugar en donde vivieron la experiencia más desagradable.

- Hasta este momento el trabajo ha sido individual. A partir de aquí: a) se les solicita a los participantes que formen un círculo con las sillas y pasen a platicar, uno a uno sus experiencias, o b) se les agrupa en pequeños equipos en disposición de círculos para narrar sus vivencias.

- Puede pedirse a los escuchas vayan anotando en cada una de las narraciones los elementos motivantes o frustrantes para pasar, posteriormente, a discutirlos y agruparlos en tipo, clase o nivel, según alguna o algunas teorías motivacionales, por ejemplo: Maier, Maslow, Mc Clelland, etc.

- De no solicitarse lo anterior, la discusión versará sobre la experiencia de compartir vivencias pasadas, tratando de llegar a conclusiones.

EJERCICIO: **LA SEGURIDAD**

USOS:

- Ampliamente aplicable a la exploración de uno de los aspectos importantes de los motivos personales ante situaciones cotidianas a manera de autoevaluación.
- Sensibiliza al participante en el uso asertivo de la seguridad personal a través de la autoevaluación.

RECURSOS MATERIALES:

- El salón donde es impartido el evento formativo.
- Hojas carta, de rotafolio, lápices y plumones.

DURACION:

- De 30 a 40 minutos.

TAMAÑO DEL GRUPO:

- Ilimitado.

DISPOSICION DEL GRUPO:

- Primero en forma individual.
- Posteriormente en subgrupos de 4 a 5 personas.

INSTRUCCIONES ESPECIFICAS:

- Ninguna.

DESARROLLO:

- El instructor solicita a los participantes que identifiquen a nivel individual cuales son los *elementos* o *hechos* que les proporcionan seguridad en la familia, el trabajo y la sociedad (cinco por lo menos en cada área), y que lo expresen por escrito en hojas tamaño carta.

— El siguiente paso es formar equipos de 4 a 5 personas pidiéndoles que lleguen a conclusiones subgrupales y que las anoten en hojas de rotafolio que al terminar se cuelgan de las paredes.

— El instructor pasa entonces a tabularlas según los conceptos de la pirámide de necesidades de A. Maslow, contabilizando y sacando porcentajes de cada uno de ellos.

— Se propicia la reflexión y se trata de llegar a conclusiones.

PIRAMIDE DE NECESIDADES
DE A. MASLOW

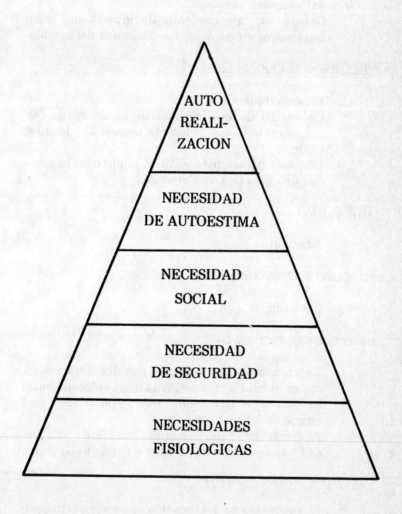

EJERCICIO: PREJUICIOS INCONSCIENTES

USOS:

- Demuestra los procesos de influencia interpersonal y cambio personal.
- Genera un calentamiento de grupos que estén interesados en explorar las dinámicas del cambio.

RECURSOS MATERIALES:

- Un vaso limpio
- Un cuarto de leche no abierto, en envase de cartón, inyectado con colorante comestible de color verde.
- Una vela blanca para sellar el piquete de la aguja con una gota de cera derretida.

DURACION:

- 30 minutos.

TAMAÑO DEL GRUPO:

- Ilimitado.

DISPOSICION DEL GRUPO:

- En círculo de sillas (acuario) con dos sillas colocadas en medio y una pequeña mesa colocada entre las dos sillas para poner sobre ella el vaso y el cuarto de leche.
- Al frente del grupo se colocan dos sillas y una mesa en la cual estarán un vaso y el cuarto de leche.

INSTRUCCIONES ESPECIFICAS:

- El encuentro cara a cara será entre dos participantes voluntarios. Sin embargo, es recomendable

que el conductor incite al grupo a tomar partido
y a actuar verbalmente en consecuencia ofrecien-
do razones, motivos, pretextos, etc., a su favor
desde su lugar.

DESARROLLO:

— El facilitador pregunta a quién en el grupo le gusta la leche y a quién no le gusta. Una persona es
seleccionada de cada uno de estos grupos y a los
dos se les indica que se sienten en las sillas que están al frente del grupo. A los participantes restan-
tes se les pide que ocupen sus lugares.
— Se explica que el participante a favor de la leche
tendrá la tarea de persuadir al que la detesta a que
beba una poca, apoyándose en todos los argumentos que considere plausibles.
— El facilitador aconseja a la persona a quien le disgusta la leche, que no se deje influenciar arbitrariamente; pero si los argumentos son razonables
procure no entercarse.
— El facilitador instruye al que gusta de la leche a
que use cualquier técnica verbal que quiera pero
no la abra y la sirva hasta que al que le disgusta la
leche esté de acuerdo en probarla o hasta que haya ya usado todas las aproximaciones verbales y
no sepa qué hacer, excepto mostrar la leche al
que se resiste (como último argumento de venta).
— Cuando los participantes llegan a un acuerdo el
instructor ayuda abriendo el cartón de leche para,
acto seguido, servirla en el vaso.
— Pasado el primer impacto el facilitador lleva a la
discusión de la experiencia, incluyendo:
¿Cuál fue la reacción del que gustaba de la leche
en cuanto a la leche?
¿Qué experiencia ofrece la reacción de los participantes en cuanto al color de la leche en términos de los procesos de cambio?

¿Qué diferentes tácticas usó el que gusta de la leche?

¿Cuál pareció más exitosa para estimular al cambio?

¿Qué tácticas usó el que se resistía a la leche para no hacer un cambio? ¿Cuál parecía la más exitosa?

¿Cuáles son las diferencias entre demandar y aceptar el cambio?

¿Qué aprendizaje de esta experiencia puede ser aplicado para entender el cambio personal?

Nota: Insistimos en la importancia de la participación del grupo como "egos auxiliares" o como "relevos", pues el entercamiento del que no gusta de la leche puede ser extremo.

EJERCICIO: **REPORTEANDO**

USOS:

- Permite la exploración de motivos o elementos motivacionales.
- Ejercita a los participantes en la detección de motivos y perfiles motivacionales bajo la perspectiva teórica de D. Mc Clelland.
- Desarrolla la habilidad en el análisis de textos y contenidos.

RECURSOS MATERIALES:

- 3 ó 4 láminas, fotografías, diapositivas o reproducciones fotostáticas cuyo contenido gráfico represente situaciones típicas de la vida organizacional (juntas, entrevistas, viajes, etc.), ya sea para proyectar o distribuir copias a cada participante.
- Es importante que las gráficas muestren por lo menos al individuo solo, a una pareja y a un grupo en reunión de trabajo.
- Guía del participante.
- Matriz de Patrones de Sentimientos y Comportamiento.
- Hoja de Clasificación de las Motivaciones.
- Lápices suficientes.
- Hojas blancas.
- Un salón amplio e iluminado.

DURACION:

- La primera fase 30 minutos.
- La segunda fase 90 minutos.

TAMAÑO DEL GRUPO:

- Máximo 20 personas.

154

DISPOSICION DEL GRUPO:

— De preferencia sentados a una mesa en forma de herradura.

INSTRUCCIONES ESPECIFICAS:

— El ejercicio está diseñado para presentarlo en dos sesiones en días diferentes. La razón de esto es que normalmente se utiliza para aproximaciones autoevaluativas sobre perfiles motivacionales, condicionando con ello, a que la primera parte se dé al inicio del evento formativo, por todavía no estar contaminados los participantes de información sobre teorías motivacionales y la segunda parte del ejercicio se suele realizar uno o dos días después según sea el diseño y la estrategia general del encuentro o laboratorio, por contar a esas alturas con elementos de juicio con los cuales los participantes llegarán a conclusiones.

DESARROLLO:

— *Primera Parte:* Se proyectan cada una de las imágenes, dando un tiempo suficiente entre cada una o se distribuyen las copias seleccionadas, entregando también la Guía del participante.
— Se pide a los participantes que hagan, de cada imagen un reportaje con la fuerza narrativa suficiente como para que el texto describa tanto la acción general de la gráfica, como la acción e incluso pensamientos y sentimientos de cada uno de los personajes de la escena.
— Es muy importante que estos reportajes se hagan cada uno por separado, señalando el título o número de la imagen a que corresponden, así como el ponerle título a cada historia.

— Se solicita a los participantes que guarden este trabajo, pero que lo tengan a la mano, porque posteriormente, en el transcurso del encuentro, se pasará a analizarlo.

— *Segunda Parte:* A estas alturas del evento los participantes ya deben tener una idea de lo que dice en sus rasgos esenciales la teoría de la motivación del logro o éxito del Dr. David Mc Clelland (David Mc Clelland y David G. Winter, *Cómo se motiva el éxito económico*, UTEHA, México 1970.- D.C. Mc Clelland, *La sociedad ambiciosa*, Guadarrama, España, 1968).

— Se les proporciona la Matriz de Patrones de Sentimientos y Comportamiento y la Hoja de Clasificación de las Motivaciones.

— En base a la Matriz de Patrones se les pide que separen los párrafos de las narraciones de los reportajes, en oraciones y frases significativas, poniéndoles a cada una de éstas una letra inicial de cada una de las motivaciones señaladas, según sea el caso de lo que sugiera la imagen como tal.

— Aquí para la separación de oraciones, puede permitirse una variable, que es la de redistribuir las narraciones entre los participantes, para lo cual es recomendable que los reportajes tengan el nombre de la persona que los hizo, si se pretende un análisis en que se destaquen los perfiles motivacionales individuales, porque, si por el contrario, es el perfil grupal lo que interesa puede prescindirse de los nombres y con ello minimizar el sentimiento de amenaza de los participantes ante la tabulación.

— Se totalizan incidencias y se vacían en la Hoja de Clasificación de donde se reanalizan los textos en la búsqueda de medir la intensidad de la motivación al éxito expresada en la columna correspondiente. Para ello se retabulan las imágenes de éxito con los reactivos señalados en la forma.

— Teniendo los resultados se pasa a discutirlos, sin
dejar de tomar en cuenta de que no se trata de un
proceso psicoterapéutico y que el ejercicio no expresa más que un perfil: una aproximación. En
base a ésta se tratará de llegar a conclusiones.

NOTA:

Es recomendable que el facilitador tenga suficientes conocimientos de hermenéutica y análisis de
contenido.

GUIA DEL PARTICIPANTE PARA EL EJERCICIO "REPORTEANDO"

El ejercicio consiste en lo siguiente: Se le presentarán 3 láminas y usted escribirá un corto reportaje sobre lo que usted cree que representa cada lámina. *No se trata de describir la lámina* sino de escribir una historieta sobre sus personajes. Para ayudarle a que cubra los elementos básicos que creemos debiera tener cada narración, puede utilizar las siguientes preguntas:

1.- ¿Qué está pasando? ¿Quiénes son las personas?
2.- ¿Qué les ha conducido a esa situación? ¿Qué es lo que ha sucedido en el pasado?
3.- ¿En qué piensan? ¿Qué desean? ¿Qué sienten?
4.- ¿Qué sucederá en el futuro? ¿Qué van a hacer?

Estas preguntas son tan sólo guías, no se debe contestar a cada una por separado sino elaborar una historia continua, un reportaje detallado.

Debemos aclarar que no hay reportajes correctos o incorrectos. *Cualquier clase de historia es buena.* Trate de hacer sus historias interesantes, que trasluzcan que usted posee un conocimiento de cómo son y se comportan las personas y que puede escribir historias sobre casos humanos.

INDICACIONES:

Se le presentará en total 3 láminas y usted escribirá una historia por cada lámina. El tiempo para escribir cada historia será de 10 a 15 minutos.

MATRIZ DE PATRONES DE SENTIMIENTOS Y COMPORTAMIENTO

	Patrones de Sentimientos			Patrones de Comportamiento.			
HACIA EL EXITO	1. Búsqueda de Competencia a) Competencia con otros realizando actividades en las cuales el ganar o el hacer las cosas mejor que otros, es una preocupación primordial. b) Competencia consigo mismo fijando normas de superación y acciones de alta calidad. c) Se teme al fracaso.	2 Encontrar o sobrepasar el estándar de excelencia establecido por uno mismo. a) Logro único a través de realizar tareas más bien extraordinarias.	3 Involucración en progreso de la propia carrera con explicitación del deseo de alcanzar una meta de éxito.	Se toman responsabilidades de sus acciones para obtener resultados.	Se toman riesgos moderados. E incluso se suele ayudar a personas metidas a la búsqueda del éxito.	Se busca y utiliza la retroalimentación.	Fija Metas y mide obstáculos ambientales y personales.
HACIA LA AFILIACION	1. Búsqueda de establecimiento o mantenimiento de relaciones cercanas e íntimas con otras personas. a) Temor al rechazo b) Suceptible a los "detalles" c) Temor a la autoexposición frente a otros. d) Esquivamiento de situaciones evidenciadoras.	2 Preocupación emocional relacionada con la separación.	3 Deseo de participar en actividades como clubes, grupos informales, etc.	Prefiere estar con otros que solo, utilizando para ello inclusive el teléfono, reuniones de café, etc.	Se preocupa más por las relaciones interpersonales que por las de tareas.	Se busca la aprobación de los demás.	Frente a la competencia se funciona mejor en un ambiente de cooperación grupal.
HACIA EL PODER	1. Búsqueda de acciones sólidas y fuertes que afecten a otros. a) Proveer ayuda, asistencia, apoyo, consejos no solicitados. b) Intentar influir o controlar sus acciones regulando conductas o condiciones de vida o capturando y guardando información que otros necesitan.	2 Emociones fuertes (positivas o negativas), como resultado de acciones realizadas.	3 Intención de influir, persuadir, discutir, vender a través a crear una impresión favorable.	Se es activo en la política de cualquier organización (diseñar, delinear, normar).	Se es sensible a la estructura de influencia interpersonal de todo grupo u organización.	Colecciona objetos, se hace miembro de organizaciones.	Hace el esfuerzo de ayudar a otros sin que éstos se lo pidan.

HOJA DE CLASIFICACION DE LAS MOTIVACIONES

Motivación Predominante	Primer Reportaje	Segundo Reportaje	Tercer Reportaje
Imágenes de Afiliación			
Imágenes de Poder			
Imágenes de Exito			

Medición de la intensidad de las imágenes de éxito

Necesidad de Exito			
Acciones hacia el Exito			
Sentimiento de Exito			
Esperanza de Exito			
Sentimientos de Fracaso			
Temor de Fracaso			
Ayuda a otros Exitosos			
Estrategias para Obstáculos Ambientales			
Estrategias para Obstáculos Personales			

Tendencia de la Intensidad			

EJERCICIO: **ROMPECABEZAS**

USOS:

— Analizar la cooperación en la resolución de problemas en grupo.
— Mostrar a los participantes ciertas características de su comportamiento, los cuales podrán contribuir u obstruir la solución de un problema común.

RECURSOS MATERIALES:

— Pizarrón o rotafolio.
— Gis o plumones.
— Mesas para seis personas.
— Juego de hexágonos cortados.

DURACION:

— De 45 a 60 minutos.

TAMAÑO DEL GRUPO:

— Ilimitado.

DISPOSICION DEL GRUPO:

— Subgrupos de 6 personas: cinco participantes y un Juez-Observador.

INSTRUCCIONES ESPECIFICAS:

— El paquete que el instructor entregará a cada grupo contiene 5 sobres con piezas de cartulina que han sido cortadas en diferentes formas y que cuando son acomodadas en forma apropiada, formarán 5 hexágonos del mismo tamaño (20 cms. por cada lado).

- Para preparar un juego de materiales, corte 5 hexágonos iguales de 20 cms. por lado, dispóngalos en fila y márquelos como se indica en la hoja "modelo para hacer el rompecabezas". (Use un lápiz suave para tal efecto).
- Las líneas deben ser de tal manera dibujadas que todas las piezas "A" sean del mismo tamaño, las piezas "B" igual y así sucesivamente.
- Después de haber dividido los hexágonos en la forma indicada, córtelos con sumo cuidado, siguiendo las líneas marcadas, a fin de tener las partes de lo que será un rompecabezas y así hasta terminar con 5 hexágonos de un paquete.
- Ponga las piezas de los rompecabezas, según está señalado en la hoja "modelo", en cada uno de los 5 sobres.
- Como sugerencia, puede señalar las piezas antes de guardarlas en los sobres, con el fin de poderlas integrar de nuevo a cada uno de ellos, una vez terminado el ejercicio.
- El instructor deberá conocer la exacta ubicación de cada una de las piezas de los rompecabezas, ya que no siempre los participantes llegan a armar las figuras, cuestión que obligará al instructor a realizar la tarea.

DESARROLLO:

- Se puede iniciar el ejercicio con una discusión sobre el significado de colaboración. Las sugerencias que se obtengan serán anotadas en el pizarrón o rotafolio.
- Se introducirán ideas como: la contribución que cada individuo tenga en la solución de tareas; así como lo que los otros miembros del grupo pueden contribuir.
- Terminada la discusión, se efectuará un experimento para poner a prueba sus sugerencias.

— Se integrarán los subgrupos y se designará un juez-observador para cada equipo; se entregarán las copias de las instrucciones.

— El instructor repartirá a cada grupo un paquete con 5 sobres, los cuales se abrirán hasta que se dé la señal.

— Las instrucciones serán leídas en voz alta por algún voluntario.

— Transcurrido un tiempo razonable terminará el ejercicio y se pasará a la discusión general, que se centrará en los sentimientos generales durante el ejercicio. Los jueces-observadores leerán sus observaciones.

MODELO PARA HACER EL ROMPECABEZAS

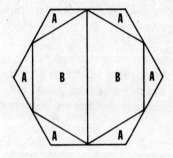
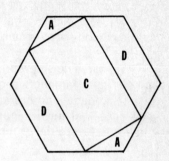

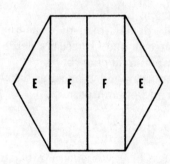
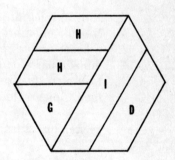

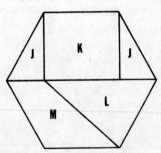

EL SOBRE A CONTIENE LAS PIEZAS A, A, C. E. I. L
EL SOBRE B   A, A, B, F, H, M
EL SOBRE C   A, A, D, E, J
EL SOBRE D   A, D, J, H
EL SOBRE E   A, B, D, F, G, K

164

INSTRUCCIONES PARA LOS PARTICIPANTES

En este paquete hay cinco sobres que contienen piezas de cartón para formar hexágonos.

La tarea de su grupo consiste en formar cinco hexágonos de igual tamaño sin que sobren piezas. La tarea no estará terminada sino hasta que cada miembro del grupo tenga frente a sí un hexágono perfecto y del mismo tamaño que los del resto del grupo.

Hay ciertas limitaciones o reglas que es necesario observar durante este ejercicio:

1. Ningún miembro del grupo puede hablar.
2.- Ningún miembro puede pedir a otro pieza alguna o hacer señales para sugerir que él necesita determinada parte para completar su cuadro.
3.- Lo único que los miembros pueden hacer es dar y recibir piezas de los demás miembros.

¿Están claras las instrucciones?

Espere la señal del instructor y comience a trabajar.

INSTRUCCIONES AL JUEZ-OBSERVADOR

Su trabajo es parte como observador y parte como juez. Asegúrese de que cada participante obedezca las reglas.

1.- No se permite hablar, hacer señales con las manos o con la vista, ni ninguna otra forma de comunicación entre los cinco miembros del grupo.

2.- Los participantes pueden dar piezas a los otros miembros del grupo pero no podrán tomar por su propia voluntad piezas que no les hayan sido ofrecidas.

3.- Los participantes no podrán arrojar sus piezas al centro de la mesa para que los demás las tomen; tienen que dar las piezas directamente a una persona definida.

4.- Un miembro del grupo podrá dar todas las piezas de su hexágono, aún cuando ya lo hubiere terminado, si así lo considera pertinente.

Procure que estas reglas sean cumplidas.

Ahora bien, en su papel de observador, trate usted de guiarse por lo siguiente:

1.- ¿Quién está dispuesto a dar a otros las piezas de su hexágono?

2.- ¿Hubo alguien que terminara su hexágono y luego se dedicó a observar la batalla de los demás para formar sus hexágonos?

3.- ¿Hay algún participante que batalle con sus piezas y no pueda formar su hexágono, pero se muestra reacio a entregar una o más de ellas a sus otros compañeros?

4.- ¿Cuántos de los participantes parecen estar mentalmente involucrados en la formación de los hexágonos?

5.- Verifique periódicamente el nivel de frustración y ansiedad. ¿Quién está literalmente jalándose el cabello?

6.- ¿Hubo algún punto crítico después del cual el grupo comenzó a colaborar realmente?

7.- ¿Trató alguien de violar las reglas ya sea hablando o haciendo señas como medio de ayudar a los compañeros a formar sus hexágonos?

EJERCICIO: **TAXI ESPACIAL**

USOS:

- Ayuda en el análisis de la toma de decisiones.
- Permite explorar reacciones conductuales en situaciones límite o emergentes.
- Estudia la reacción frente al manejo de argumentación confrontada con la necesidad de acciones.

RECURSOS MATERIALES:

- Un salón amplio e iluminado.
- Una mesa fuerte y resistente.

DURACION:

- 30 minutos

TAMAÑO DEL GRUPO:

- 20 personas.

DISPOSICION DEL GRUPO:

- Libre.

INSTRUCCIONES ESPECIFICAS:

- Haga que los participantes visualicen la carrera espacial hasta llegar al concepto de Taxi Espacial público. Los miembros que se eligiesen serán los primeros pasajeros comerciales en el espacio.

DESARROLLO:

- Se solicitan cinco voluntarios, o si la estrategia instruccional lo requiere se puede señalar "dedocráticamente" a los participantes de la experiencia

— Al pasar al frente se les plantean los papeles que desempeñarán:

    a) un rol de jerarca (mujer u hombre) eclesiástico.

    b) uno de padre o madre de familia numerosa.

    c) uno de vendedor o vendedora exitoso a punto de la venta del siglo.

    d) uno de militar (mujer u hombre) poderoso.

    e) uno de artista bucólico.

— Ya distribuidos los papeles se les pide a los involucrados que traten de vivir su rol tal y como se imaginan el comportamiento de estos personajes tipo, ya que seguramente han podido verlos actuar en la televisión, el cine, o incluso en la literatura. (Ilústrese sobre el concepto bucólico).

— Se les solicita, suban a la mesa, de tal manera, que todos queden sentados sin que ningún pie cuelgue fuera de ésta.

— La situación que van a vivir es de sobrevivencia. Resulta que son víctimas de un naufragio espacial. El taxi, en su primer vuelo comercial, chocó contra un satélite artificial fuera de curso, causando la pérdida de la tripulación y dejando la nave a punto de explosión por lo cual tuvieron que utilizar la nave salvavidas que había en el taxi.

— Según se les había informado, la nave salvavidas sólo tiene capacidad para *tres personas* por lo cual sólo resistirá a los cinco pasajeros quince minutos, tiempo en el cual se tiene que decidir a quienes echarán por la borda o por propia convicción se arrojarán al espacio, pues el peso de los cinco haría que la nave entrará en aceleración gravitacional que implicaría la segura colisión con algún cuerpo celeste.

— Al resto del grupo se le pide observar con cuidado las reacciones de los personajes.

— Se les pide que se concentren en sus papeles y situación y después de un momento se les da la indicación de dar principio.

— Terminada la experiencia se retoman los lugares en la mesa de trabajo y se reflexiona sobre cómo se comportó el grupo y cuál fue su solución.

— Se llega a conclusiones.

EJERCICIO: **EL LEGADO**

USOS:

- Sensibiliza acerca de los mecanismos que intervienen en la toma de decisiones.
- Proporciona elementos de juicio para analizar la necesidad de comprometerse con los demás para identificar parámetros de referencia satisfactorios para todos.
- Fomenta la aceptación de decisiones fundamentales generadas por otros individuos.
- Obliga a tomar conciencia de la dificultad en ponerse de acuerdo unánimemente sobre una decisión común.

RECURSOS MATERIALES:

- Un salón amplio e iluminado.
- Mesas y sillas para que los participantes puedan escribir.
- Una copia de la "Hoja para el participante" para cada persona.
- Rotafolio con hojas o pizarrón.
- Plumones o gises y borrador.

DURACION:

- 30 minutos.

TAMAÑO DEL GRUPO:

- Ilimitado.

171

DISPOSICION DEL GRUPO:

— Libre.

INSTRUCCIONES ESPECIFICAS:

— El facilitador debe situar al grupo ante un problema que debe resolver para que, por medio de intercambios, se llegue a un acuerdo, así como a una decisión que recoja el sentir general de todos los miembros.
— El facilitador no interviene para nada en la discusión ni en la toma de decisión; sólo ayuda al grupo a puntualizar algunas cosas. También proporciona información sobre ciertas características que pueden atribuirse a los animales y a los herederos. Además, funciona como observador del proceso.
— Este ejercicio es recomendable después de una fase de gran tensión para ayudar al relajamiento, o para crear lazos positivos en un nuevo grupo cuyos miembros aún no se conocen.

DESARROLLO:

— El facilitador explica el ejercicio y la tarea a desarrollar: conceder a cada heredero el animal que mejor le convenga. Ponerse de acuerdo en un resultado único.
— Cada participante prepara su lista personal, sin comunicarse con los demás, durante cinco minutos.
— A continuación se lleva a cabo un plenario para efectuar intercambios y llegar a una solución común. Si se quiere se pueden utilizar el pizarrón o el rotafolio.
— Si antes del lapso de 30 minutos, el grupo ha llegado a una solución, se detiene el ejercicio. Por el contrario si al finalizar el tiempo no se ha adop-

tado una solución final, el facilitador interrumpe la tarea.
— Durante la discusión final concéntrese en los siguientes puntos:
¿Encontraron divertido el ejercicio? ¿Les fue fácil ponerse de acuerdo en la solución? ¿Por qué? ¿Basándose en qué se hicieron las selecciones? (soledad-compañía, movimiento-campo, etc.) ¿Hubo participantes reacios a cambiar sus selecciones? ¿A qué se debía esto?

VARIACION:

— Al comienzo del ejercicio se pueden formar corrillos de 3, 4 ó 5 miembros que elaboren la lista en conjunto. Esto es recomendable con grupos muy numerosos, donde el procedimiento individual-plenario, tomaría mucho tiempo.

HOJA PARA EL PARTICIPANTE
EL LEGADO

Una anciana maestra, viuda y sin familia, amante de los animales y miembro de diversas sociedades civiles, acaba de morir. Entusiasta de los animales de todas especies, poseía varios a los que cuidaba con cariño.

En su testamento lega su pequeño zoológico a diversas sociedades o personas, pero sin especificar qué animal debía ser confiado a cada quién. A sus albaceas les corresponde tomar la decisión y se encuentran muy confundidos. Ayudémosles a decidir.

Los animales:

— 6 peces tropicales
— 1 perro san Bernardo
— 1 tortuga japonesa
— 1 gato siamés macho
— 2 parejas de ratones blancos
— 1 perro de caza
— 1 canario
— 1 pareja de Hamsters
— 1 pareja de monos
— 1 loro
— 1 boa constrictor (3.10 m.)

Los herederos:

1 comunidad de ancianos (hombres y mujeres)
1 grupo de jóvenes (Hogar de Jóvenes)
1 anciana sola (62 años)
1 familia (padre, madre, cuatro niños de tres a ocho años. Anticuarios).

2 trabajadores (hermanos, emigrados búlgaros)
1 colonia de vacaciones (niños y niñas de 6 a 12 años)
1 mecanógrafa (soltera 29 años)
1 granjero (45 años)
1 internado escolar de adolescentes
1 cura de pueblo (50 años).
1 niña enferma (10 años, en silla de ruedas).

EJERCICIO: **RECURSOS DESIGUALES**

USOS:

- Facilita el proceso de sensibilización en los grupos y auxilio en el análisis de la comunicación.
- Explora el sistema de interacción de un equipo de trabajo.
- Evidencia el nivel de cooperación entre los individuos de un grupo.

RECURSOS MATERIALES:

- 3 sobres diferentes conteniendo lo siguiente:
  Sobre 1.- Tijeras, 1 hoja blanca y 3 hojas rosas.
  Sobre 2.- Pegamento, 1 hoja blanca y 3 hojas verdes.
  Sobre 3.- Regla, 1 hoja blanca y 3 hojas amarillas.
  Además, cada sobre contendrá una hoja de instrucciones.

DURACION:

- 30 minutos.

TAMAÑO DEL GRUPO:

- Ilimitado.

DISPOSICION DEL GRUPO:

- El ejercicio se analizará con un mínimo de 3 equipos que constarán de 3 a 6 personas.

INSTRUCCIONES ESPECIFICAS:

- El conductor del juego mencionará que cada grupo deberá realizar la tarea que viene especificada en la hoja de instrucciones de cada sobre. Los grupos deberán realizar dicha tarea a costa de lo que sea necesario.

— El que alcance el primer lugar, habiendo cumplido la tarea a la perfección, ganará el juego.

— No se podrá utilizar ningún material que no provenga de los sobres.

DESARROLLO:

— Se forman los equipos.

— Se reparten los sobres a cada equipo.

— Todos los equipos empezarán a realizar las actividades mencionadas en las instrucciones al mismo tiempo.

— Una vez terminada la tarea, se realiza una mesa redonda para calificar los resultados de los equipos.

— Se procura llegar a conclusiones de la experiencia del grupo ante el proceso.

TAREA:

Lea cuidadosamente su hoja de instrucciones antes de empezar a efectuarlas.

HOJA DE INSTRUCCIONES

Su grupo debe hacer lo siguiente;

1.- Un cuadro de papel blanco de 12 cms. x 12 cms.
2.- Un rectángulo de papel amarillo de 12 cms. x 6 cms.
3.- Una cadena de papel con cuatro eslabones, cada uno de un color diferente.
4.- Una pieza en forma de T en papel blanco y verde, de 15 cms. x 9 cms.
5.- Una bandera de 12 cms. x 12 cms. de tres colores diferentes.

Les deseamos suerte ¡Qué gane el mejor!

Sugerencias para el Análisis o Areas de Exploración
para RECURSOS DESIGUALES

El proceso intragrupal de la competencia

Un grupo en competencia suele demandar a sus integrantes alta cohesión y alta lealtad, minimizando la importancia atribuida a jerarquías y asperezas interpersonales. El ambiente del grupo se tensa en función de que se pondera la tarea a realizar subordinando los requerimientos individuales y las relaciones socio-emocionales implícitas; esto destaca un corte directivo tendiente a la autocracia definitoria de estructura y organización. La tolerancia y la conformación aparecen como la opción del desempeño para los miembros del grupo, en virtud de "presentar un frente común".

El proceso intergrupal de la competencia

Paralelo al paulatino deterioro de las relaciones entre los grupos en competencia aparece y se consolida una destacada distorsión en la apreciación de la realidad constitutiva de los equipos de trabajo. En el propio se perciben los rasgos sobresalientes de sus miembros combinado con los aspectos de logro o potencialidad de éxito del grupo mismo, posición excesivamente favorable que niega sus flaquezas, actitud poco objetiva en términos de planeación. En el otro u otros equipos se percibe todo lo contrario, sus carencias, sus posibles flaquezas, en suma, todos sus aspectos negativos, impidiendo con ello apreciar sus lados fuertes: su potencialidad de éxito, cuestión que necesariamente es altamente subjetiva.

La hostilidad aparece a consecuencia de esta apreciación, ya que si el logro surge en el grupo contrario, la defensa psicológica hará que se sospeche en "trampas" cometidas. Intergrupalmente la comunicación se ve seriamente afectada. Se apela a la astucia y al ardid en las posibles negociaciones entre los equipos.

Reacción grupal ante el éxito

El triunfo sobre la tarea propicia en el grupo una confirmación de la cohesión del mismo, incrementándose sensiblemente. La distensión permite el relajamiento y propicia generalmente el reconocimiento a los individuos (*noblesse-oblige*) y a sus necesidades, decreciendo con ello la atención hacia las tareas. El logro obtenido suele reiterar los aspectos favorables del equipo y destacar o constatar los desfavorables del otro u otros grupos. Ello, como es natural impide, o no facilita, una evaluación objetiva del desempeño en busca de optimizar resultados.

Reacción grupal ante el fracaso

La frustración actúa como un fuerte disolvente de la cohesión y la lealtad, sin embargo, se puede lograr un mayor conocimiento de la potencialidad del grupo a través de propiciar el análisis de logros y desempeños; de ahí que un grupo perdedor con deseo de triunfo puede ser orientado a la reorganización y en consecuencia a recuperar la confianza en sí mismo. Pero antes de que ello ocurra hay que superar el desaliento, la búsqueda de culpables, la aparición de conflictos interpersonales, etc., que sin duda, operan como escapes psicológicos.

Cf. Shein, E. H., *Organization Psychology*, Englewood Cliffs, N. J., Prentice Hall, 1965.

EJERCICIO: **PANEL T.V.**

USOS:

— Apoya la argumentación disidente y obliga a desarrollar una mayor coherencia racional en función de un manejo proporcional más sólido.
— Ayuda a despejar conflictos de discusión por falta de acuerdos interpersonales.
— Propicia que los participantes vivencien sus desacuerdos a través de un juego de papeles basado en la mesa redonda.

RECURSOS MATERIALES:

— Un salón amplio y bien iluminado
— Mesa de trabajo y sillas adicionales.

DURACION:

— 30 minutos.

TAMAÑO DEL GRUPO:

— 18 personas.

DISPOSICION DEL GRUPO:

— En la mesa de trabajo la mayoría de participantes.
— Un subgrupo de cinco personas al frente.

INSTRUCCIONES ESPECIFICAS:

— El desarrollo de la autogestión formativa en los grupos de encuentro o laboratorio de aprendizaje, es una de las finalidades de éstos. Por ello es que el instructor emplea constantemente la discusión de grupos. Sin embargo, hay ocasiones en que las

discusiones de grupo se enredan al enfrascarse en
posiciones antagónicas representadas por algunos
participantes que se separan del trabajo del grupo. Entonces el papel que juega el instructor es
el de mediador para integrar nuevamente al grupo completo en la discusión y en consecuencia es
cuando tienen cabida este tipo de ejercicios, dado
que son formas que permiten la jocosidad, la flexibilidad y la distancia ante argumentaciones
"demasiado" serias.

DESARROLLO:

- Detectada una discusión estancada, el instructor
propone al grupo en general un pequeño juego
que permita dilucidar temas tan "trascendentes"
e "importantes" para la formación y el aprendizaje de todos los ahí reunidos.
- Le pide al grupo que le ayude a determinar quiénes son los dos miembros más comprometidos e
interesados en dicha discusión.
- Ya seleccionados estos participantes, se busca en
el grupo a quienes estén más ligados a las posiciones en debate, para formar pareja con los ya de-
tectados.
- Se nombra un moderador (puede darse el caso de
que sea el mismo instructor) que hará las veces
de abogado del diablo para las partes.
- Se le plantea a este equipo, que se imaginen que
están en un programa de televisión de cobertura
nacional, que por consiguiente traten de plantear
sus argumentos lo más claramente posible para
que el auditorio pueda tomar una posición frente
a éstos.
- Se disponen las sillas adicionales al frente del grupo y las ocupan los dos equipos y el moderador
nombrado para tal efecto.
- Después de unos diez minutos el instructor, para

comenzar con el resto del grupo a analizar la calidad de los argumentos escuchados de manera que
retroalimenten al panel.
— Se puede repetir la operación.
— Finalmente, se les da las gracias a los participantes
del panel y se analiza el ejercicio.
— Se llega a conclusiones.

EJERCICIO: **DIAS DE LA SEMANA**

USOS:

- Analizar el contenido en el que se desarrolla la comunicación escrita y no-verbal.
- Fijar las condiciones bajo las cuales se desenvuelve el proceso de cooperación intergrupal en un escenario de competencia.

RECURSOS MATERIALES:

- Un salón amplio, iluminado y con seis mesas en donde se sentarán de tres a cinco participantes.
- 4 sobres cuyo contenido será:

1er. sobre:	12 letras N
	32 letras E
	en color rojo
2o. sobre:	24 letras S
	12 letras M
	12 letras A
	en color amarillo
3er. sobre:	12 letras R
	12 letras I
	8 letras L
	8 letras U
	4 letras T
	en color verde
4o. sobre:	4 letras C
	16 letras O
	4 letras J
	8 letras V
	4 letras B
	8 letras D
	4 letras G
	en color azul

Nota: Las tarjetas en que irá cada letra pueden ser de

6 × 12 cms. y los sobres pueden ser del color de las letras que les correspondieron.

DURACION:

- Variable según la estrategia de instrucción.

TAMAÑO DEL GRUPO:

- De 20 a 25 personas.

DISPOSICION DEL GRUPO:

- 7 equipos de 5 ó 6 personas.

INSTRUCCIONES ESPECIFICAS:

- Es necesario que el instructor maneje la correspondencia o envíos de recados arbitrariamente. Incluso siguiendo las instrucciones de los equipos, esto le será fácil.

DESARROLLO:

- Terminada una discusión previa sobre la necesidad de entablar comunicaciones más claras y adecuadas cada vez, el instructor divide al grupo en 4 equipos, de tal manera que se coloca cada equipo en una esquina del salón.
- Se les dice que tienen que llegar a formar con las diferentes tarjetas los 7 días de la semana.
  La única condición es que no podrán hablar de grupo a grupo. Para poder formar los días de la semana, tendrán que enviar recados con el mensajero (que será el instructor), con el fin de ceder, pedir o intercambiar letras o información.
- Al final se entabla una discusión sobre los efectos que producen los recados mal enviados o sin la

claridad adecuada en la comunicación escrita. Se trata de llegar a conclusión.

— Una variable que redundará en la calidad de los mensajes es fijar los recados a un número específico que puede ser 5 u 8.

EJERCICIO: RETROALIMENTANDO EL DESEMPEÑO

USOS:

— Analiza la discrepancia que puede haber entre la percepción personal de sí mismo, frente a la percepción que los demás miembros del grupo tienen acerca de nuestro estilo personal de comportamiento.

— Permite una retroalimentación, sobre conductas específicas de una manera cordial e informal.

— Desarrolla la habilidad de observar conductas y comportamientos.

RECURSOS MATERIALES:

— Hoja de Instrucciones para el participante.
— Hoja de ejercicio para el participante.
— Hoja de resultados para el participante.
— Matriz de estilos personales de comportamiento.
— Lápices suficientes.
— Un salón amplio y cómodo.

DURACION:

— 60 minutos.

TAMAÑO DEL GRUPO:

— 18 personas máximo.

DISPOSICION DEL GRUPO:

— En subgrupos de cinco a seis personas.

INSTRUCCIONES ESPECIFICAS:

— Es conveniente realizar el ejercicio en procesos de entrenamiento dirigidos a desarrollar el mando, cuando el nivel de participación grupal ha alcanzado un buen nivel de madurez.

DESARROLLO:

— Habiendo sensibilizado al grupo sobre estilos, desempeño y comportamiento personal, los participantes se encuentran listos para el presente ejercicio.

— Se distribuyen las hojas de instrucciones y la Matriz de estilos personales de comportamiento y se pide que las lean y estudien cuidadosamente.

— Después se les da las hojas de ejercicios y resultados para que sean llenadas individualmente.

— Se forman subgrupos de cinco a seis personas, numerando, seccionando o como mejor le parezca al instructor.

— Continúa el ejercicio a nivel subgrupal y se les da tiempo para que grafiquen sus resultados y se retroalimenten mutuamente.

— Se comenta la experiencia explorando los descubrimientos y hallazgos personales a los que arribaran y se llega a conclusiones.

HOJA DE INSTRUCCIONES

En la hoja del ejercicio exprese los porcentajes (de 0% a 100%) de cómo es que se ve usted mismo en términos de Buen Samaritano, Luchador Obstinado y Analista Objetivo (consulte la Matriz de Estilos Personales de Comportamiento).

Así mismo, anote también, porcentualmente, cómo es que ve a los demás compañeros de su subgrupo (cuando estén integrados los equipos). Tal información intercámbiela con sus compañeros y anótela en las columnas correspondientes. Ahora bien, en la hoja de resultados encontrará tres líneas en las cuales anotará los *resultados promedio* de la percepción que han tenido sus compañeros hacia su persona (con una pequeña cruz). Indique también cuál es la percepción que de sí mismo tiene usted (con un pequeño círculo).

Una estos puntos y obtendrá dos triángulos.

Analice las discrepancias con su grupo y si es menester, pida mayor información del "por qué" lo ven "así". Trate de llegar a conclusiones.

HOJA DEL EJERCICIO

Buen Samaritano	Luchador Obstinado	Analista Objetivo

Cómo me veo_____ % _____ % _____ %

(Información para el primer triángulo)

Cómo veo a
(Nombre)

_____ 1.— _____ % _____ % _____ %

_____ 2.— _____ % _____ % _____ %

_____ 3.— _____ % _____ % _____ %

_____ 4.— _____ % _____ % _____ %

_____ 5.— _____ % _____ % _____ %

_____ 6.— _____ % _____ % _____ %

Cómo me ve
(Nombre)

_____ 1.— _____ % _____ % _____ %

_____ 2.— _____ % _____ % _____ %

_____ 3.— _____ % _____ % _____ %

_____ 4.— _____ % _____ % _____ %

_____ 5.— _____ % _____ % _____ %

_____ 6.— _____ % _____ % _____ %

Totales _____ _____ _____

Promedio _____ % _____ % _____ %

(Información para el segundo triángulo)

190

HOJA DE RESULTADOS

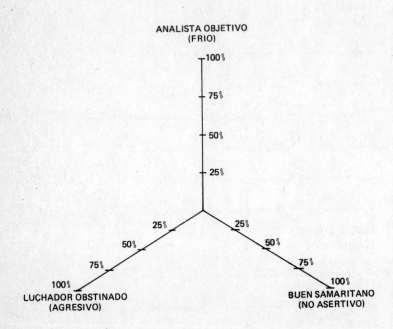

Nota: Quizá lo más importante después de analizar la discrepancia
entre los dos triángulos, sea el preguntarse el "qué" y "cómo"
para alcanzar un triángulo lo más equilátero posible.

MATRIZ DE ESTILOS PERSONALES DE
COMPORTAMIENTO VS. SITUACIONES

SITUACIONES	EL BUEN SAMARITANO	EL LUCHADOR OBSTINADO	EL ANALISTA OBJETIVO
Roles adoptados en el trabajo de equipo.	Apoya a otros. Reduce tensiones debidas a conflictos. Armoniza. Se compromete por ayudar. Actúa para mantener confortables a los demás.	Toma responsabilidad. Inicia acción y la estimula. Presiona para obtener resultados. Coordina gente. Asigna labores. Desciplina.	Evalúa críticamente las metas propuestas. Exige proceder sistemático. Aclara ideas y significadores de palabras. Hace planes detallados. Reúne información.
Elementos ponderados para evaluar a los demás.	Observa a: Quien estime y ayude a los demás Quién hiere a la gente.	Observa: Quién gana. Quién tiene el poder. Quién pierde	Observa: Quién es exacto y preciso. Quién es lógico y Quién es "lógico emotivo".
Formas conductuales para influir en otros.	Intenta influenciar a los demás: Haciendo favores. Alabando. Recurriendo a la piedad, al apaciguamiento y acomodamiento.	Intenta influenciar a los demás: Con fuerza de voluntad. Con ordenamiento personal. Con dominio suave o crudo. Presentando retos. Regalando en forma ambigua o competitiva. Amenazando o despojando.	Intenta influenciar a los demás: Acudiendo a la lógica y hechos. Con argumento astuto. Apoyándose en leyes y reglamentos. Con conocimiento arrollador. Con silencio y retirada.
Ocupaciones Típicas.	Determinada clase de trabajo del personal. Enseña. Cuida. Vende por medio de servicio orientado. "Ayudante de Campo" (ocupa siempre un segundo puesto). Auxiliar.	Gerente de producción. Vicepresidente de Operaciones. Promotor. Cirujano.	Científico e Ingeniero Estadístico. Finanzas y contabilidad. Compras.
Temores comunes.	Pérdida de afecto (soledad). Conflicto abierto. Ataque contra sí mismo.	Pérdida de poder (enfermedad, daños). Ser sentimental o débil. Depender de otro.	Pérdida de estructura o claridad (confusión). Comprometerse con otros (agradecimiento). Verse arrollado por sentimientos o impulsos.
Tensiones que provocan.	Dependencia absoluta. Sentimientos de dependencia.	Dominación cruel. Explotación. Sobreactividad, impulso a la acción.	Retirada. Adhesión rígida a leyes y convicciones. Confusión. Exceso de confianza.
Actitud hacia las leyes y reglamentos.	Pasar, hacia una autoridad impersonal, el resentimiento de subalternos que se deben "meter en cintura".	Exigir su observamiento, no importando doblegar o atropellar para obtener resultados.	Necesidad de gobierno de todos los conductos. Tendencia a interpretar sobre-literalmente.
Recomendaciones y sugerencias.	Valerse por sí mismo, aprender a decir "no". Pedir las cosas directamente. Valorizar y criticar ideas. Ser firme, sin apoyarse en reglas.	Tener paciencia, escuchar, ser comprensivo. Apoyar a otros. Planear con más cuidado. Demostrar abiertamente, sentimientos tiernos.	Ser más flexible, menos dominante. Ser consciente de sentimientos propios y más directo al expresarlos. Aceptar intimidad y acercamiento.

EJERCICIO: RETROALIMENTANDO LA PARTICIPACION

USOS:

- Ayuda a incrementar la calidad de participación de los miembros de un grupo de trabajo.
- Permite la retroalimentación de manera estructurada y en consecuencia poco amenazante.
- Explora las áreas de oportunidad de participación y sensibiliza a los miembros de un grupo a actuar conforme su propio potencial.

RECURSOS MATERIALES:

- Salón amplio y mesa de trabajo.
- Rotafolio y plumones.
- Sobres a cada participante.
- Veinte tarjetas rojas por participante.
- Veinte tarjetas amarillas por participante.
- Veinte tarjetas verdes por participante.
- Hoja de Resultados.
- Hoja de Autoinquisiciones.

DURACION:

- 40 minutos.

TAMAÑO DEL GRUPO:

- 20 personas.

DISPOSICION DEL GRUPO:

- Sentados a la mesa de discusiones al principio.
- Después en subgrupos de 4 ó 5 participantes.

INSTRUCCIONES ESPECIFICAS:

— Ninguna.

DESARROLLO:

— Se entregan los sobres a los participantes con sus sesenta tarjetas de colores.
— Se les pide que saquen las tarjetas de los sobres.
— Ya con los sobres vacíos se les pide que pongan su nombre en el sobre y que lo acompañen con una de las tres siguientes frases:
a) He participado mucho en este grupo.
b) He participado medianamente en este grupo.
c) He participado poco en este grupo.
— Se recogen los sobres siguiendo un sentido de la mesa (de izquierda a derecha o viceversa) y se vuelven a entregar en el sentido contrario de uno en uno, pidiendo que vayan depositando en cada sobre una sola tarjeta seleccionando los colores bajo el siguiente significado:
Rojas = poca participación.
Amarillas = mediana participación.
Verdes = mucha participación.
— Al final, el número de tarjetas debe ser igual al número de participantes menos uno.
— Se contabilizan, por aparte, los colores de los sobres y los colores de las tarjetas que se quedaron porque no las dieron.
— Se entrega a todos los participantes la Hoja de Resultados y la Hoja de Autoinquisiciones y se les pide las llenen.
— Se forman los subgrupos y se pide que anoten sus conclusiones en hoja de rotafolio.
— Se nombran representantes en cada subgrupo para que pasen en reunión plenaria a exponer sus resultados globalizados.

— Se discuten estos resultados globales procurando destacar las constantes que en ellos aparezcan.
— Se trata de llegar a compromisos grupales de participación.

HOJA DE RESULTADOS

Nombre del
Participante _____

He participado
(la respuesta
escrita en el
sobre) tache
con cruz:

Mucho	Medianamente	Poco

Me llegaron en
el sobre
las siguientes
tarjetas.
Porcentaje de
participación
que me dieron

No. Verdes	No. Amarillas	No. Rojas
%	%	%

Me quedaron sin
distribuir las
siguientes
tarjetas:

No. Verdes	No. Amarillas	No. Rojas

Porcentaje de par-
ticipación que atri-
buí a otros:

%	%	%

Nota: los porcentajes son deducidos "por regla de tres simple", los otorgados a uno por el total de participantes, los
atribuídos por uno por el total de tarjetas que se le dieron
de cada color.

196

HOJA DE AUTOINQUISICIONES

1.— ¿La apreciación personal de mi participación en este grupo es sensiblemente

mayor ☐ o menor ☐

que la percepción que tienen mis compañeros de mi actuación? ¿Por qué?

_____

_____

2.— ¿Qué evaluación de mi desempeño considero más confiable

la mía ☐ o la del grupo ☐

en términos de certeza y precisión? ¿Por qué?

_____

_____

3.— La discrepancia entre los porcentajes finales que me otorgaron y atribuí, la percibo

altamente significativa ☐ o poco significativa ☐

en el terreno puro de la retroalimentación a mi conducta? ¿Por qué?

_____

_____

4.— ¿Bajo la perspectiva de esta experiencia, es posible que piense que mi comportamiento puede mejorar

cualitativa ☐ y/o cuantitativamente ☐

con el propósito de enriquecer al máximo la vivencia de mi grupo? ¿Cómo?

_____

EJERCICIO: RETROALIMENTACION CRUZADA EN PRIMERA PERSONA

USOS:

- Promueve el intercambio de experiencias problemáticas de trabajo de manera poco amenazante.
- Propicia el conocimiento interpersonal, incrementando la interaceptación.
- Proporciona un terreno fértil para la retroalimentación y la empatía.

RECURSOS MATERIALES:

- Salón amplio e iluminado.
- Una tarjeta por participante y un lápiz.
- Una caja de regular tamaño.

DURACION:

- Variable (depende de la estrategia instruccional).

TAMAÑO DEL GRUPO:

- 18 personas.

DISPOSICION DEL GRUPO:

- Libre.

INSTRUCCIONES ESPECIFICAS:

- Se recomienda insistir en la volitividad de la participación individual, ya que si el instructor logra subrayar esto, la conciencia sobre los problemas que se viertan será más dura y en consecuencia propiciará mayor enriquecimiento del grupo.

DESARROLLO:

- El instructor prepara psicológicamente al grupo sobre la comunicación de nuestros problemas en el trabajo (liderazgo, interacción, organización, etc.), lo difícil que resulta el plantearlos a otras personas, pero también lo enriquecedor que son otras opiniones, desde diversos puntos de vista, si contásemos con ellas.
- Así pues, el instructor plantea al grupo el carácter voluntario del ejercicio, de tal manera que son ellos, los participantes, los que determinarán hasta donde llegará el ejercicio, en términos de explorar y buscar nuevos enfoques hacia sus problemas.
- Se les proporciona tarjeta y lápiz y se les pide que describan lo más completamente posible el problema más importante que estén viviendo en la actualidad, redactado en primera persona, de manera que la primera frase rece así: "Yo tengo un problema que es el siguiente:...". Este problema debe de tener la característica de revestir un significado especial, que proporcione al grupo un buen caso de estudio.
- Se les da tiempo a los participantes para su trabajo individual y se les pide que al terminar depositen la tarjeta en la caja que tienen al frente del grupo.
- El instructor toma la caja, con todas las tarjetas ya adentro y las mueve para que éstas se revuelvan.
- Se explica entonces que se trata de un juego de papeles, en el cual habrá que representar el comportamiento de aquella persona cuyo problema leerá personalmente cada participante que vaya pasando al frente.
- Así pues, cada participante pasará al frente, tomará una tarjeta-problema de la caja y la leerá en voz alta, viviendo el papel de manera que sienta cómo

le afecta el problema y lo exprese, así como la solución que intuye; todo esto en primera persona del singular.

— Se promueve la discusión de cada uno de estos problemas, hasta haber recibido suficientes posibles soluciones. Entonces se repite la operación: otro participante pasa a sacar otra tarjeta y así sucesivamente hasta finalizar.

— Al terminar, se fomenta la reflexión global de la experiencia destacando sentimientos al representar problemas de otros y ver representados los propios problemas por otras personas. Si ello opera en favor de una mayor integración grupal, si las opiniones de los demás proporcionan nuevos enfoques a las posibles soluciones, etc.

— Se trata de llegar a conclusiones.

EJERCICIO: CLAUSURA MERECIDA

USOS:

— Desarrolla la autoevaluación en términos de los resultados alcanzados.
— Permite a los grupos un repaso rápido a manera de resumen del lugar que ocupa la participación individual en los logros grupales de aprendizaje.
— Sensibiliza a los participantes en su calidad de contribuciones al grupo, permitiendo visualizar posibles incrementos de la misma en futuras ocasiones.

RECURSOS MATERIALES:

— Salón amplio y confortable.
— Mesa pequeña al centro.
— Diplomas o constancias de participación.

DURACION:

— 30 minutos aproximadamente.

TAMAÑO DEL GRUPO:

— De 16 a 18 participantes.

DISPOSICION DEL GRUPO:

— Libre.

INSTRUCCIONES ESPECIFICAS:

— Este ejercicio ha dado magníficos resultados en grupos en donde la participación ha sido particularmente desigual. Pero demanda del instructor sumo cuidado para plantearlo, por el grado de confrontación que exige del participante.

DESARROLLO:

- Ya verificados los objetivos de aprendizaje y las expectativas del grupo, el instructor anuncia el término del evento.
- Le plantea al grupo que a diferencia de otro tipo de clausuras pomposas y frías ésta será una clausura cálida.
- Así pues, le pide a los participantes que pasen a recoger su Diploma o Constancia de participación que se encuentran al centro del salón encima de la mesita.
- Al recoger su respectivo diploma, cada participante le dirá al grupo por qué cree merecerlo.
- Al finalizar da las gracias.

Nota: Puede haber algún participante que no considere merecer el Diploma o Constancia, en esos casos el instructor pide la opinión del grupo.

EJERCICIO: **AL FIN LOS REYES MAGOS**

USOS:

- Dirigido a clausurar de forma emotiva y gratificante, eventos formativos.
- Permite desarrollar la autoimagen de los participantes.
- Propicia la aplicación del Efecto Pigmalión en beneficio del crecimiento individual.

RECURSOS MATERIALES:

- Salón amplio e iluminado.
- 20 tarjetas de 6 x 12 cms. por participante.
- Diplomas o Constancias de participación
- Lápices.

DURACION:

- 40 minutos.

TAMAÑO DEL GRUPO:

- 18 personas.

DISPOSICION DEL GRUPO:

- Libre.

INSTRUCCIONES ESPECIFICAS:

- Ninguna.

DESARROLLO:

- Llegado el final del evento se les proporciona a los participantes sus tarjetas correspondientes y lápices.
- Se les pide que se quiten los zapatos y los pongan al lado de alguna pared.
- El instructor, con cuidado de no equivocarse, va colocando al lado de cada par de zapatos el Diploma o Constancia de participación correspondiente. De manera que quede identificado a quién pertenecen.
- Se les solicita a los participantes dirijan un mensaje de buenos deseos a cada uno de sus compañeros en cada tarjeta y lo depositen en los zapatos correspondientes.
- Este mensaje debe estimular y alentar el crecimiento de las personas.
- En ningún caso debe ser negativo, ni siquiera por asomo.
- Terminada esta etapa, pasan a recoger sus regalos.
- Al terminar, el instructor da las gracias al grupo.

EJERCICIO: **CLAUSURA INFORMAL**

USOS:

- Permite cierto grado de catarsis al finalizar un evento formativo.
- Ayuda a detectar el nivel emocional al que alcanzó a llegar el grupo.
- Convierte una clausura o cierre de encuentro de un intercambio formal a una reciprocidad más íntima al grupo.

RECURSOS MATERIALES:

- Salón amplio y confortable.
- Diplomas o Constancias de participación.

DURACION:

- 30 minutos aproximadamente.

TAMAÑO DEL GRUPO:

- De 16 a 18 personas.

DISPOSICION DEL GRUPO:

- Libre.

INSTRUCCIONES ESPECIFICAS:

- El instructor debe poner la muestra de lo que se espera que sea la entrega de Diplomas o Constancias de participación. El comportamiento de éste, en tanto modelo positivo, marcará definitivamente el grado emocional al que se quiere llegar.

DESARROLLO:

- El instructor al verificar sus objetivos de aprendizaje y las expectativas del grupo, anuncia el término del evento.
- Puede hablar de las clausuras de corte institucional y grandielocuente para destacar la frialdad de las mismas.
- Invita pues, al grupo a participar en una clausura más cordial y calurosa y pasa a explicar en qué consiste.
- El tomará un Diploma y se lo entregará a la persona designataria del mismo.
- Al entregarlo le dirá al interesado lo que aprendió gracias a su participación. Destacando los aspectos más sobresalientes de este aprendizaje en términos de descubrimientos personales significativos.
- Así mismo, éste lo entregará al siguiente participante, expresándole su aprendizaje particularizado y así sucesivamente hasta el último que le referirá a todo el grupo, en conjunto, su aprendizaje.
- Hay que hacer hincapié al grupo de que se esfuerce en encontrar estos elementos de aprendizaje proporcionados por sus compañeros.
- Se aclara que el orden de los diplomas está dispuesto por el puritito azar y que cualquier paradoja en la entrega de diplomas es pura coincidencia.
- Se desarrolla el ejercicio y al finalizar se dan las gracias.

INDICE GENERAL APRENDER JUGANDO TOMO I

INDICE GENERAL APRENDER JUGANDO
TOMO II

—oOo—

ISBN	1299	Alan Cleary	**INSTRUMENTACIÓN EN PSICOLOGÍA** 380 páginas
ISBN	0860	John R. Anderson Gordon H. Bower	**MEMORIA ASOCIATIVA** 620 páginas
ISBN	0009	Burton G. Andreas	**PSICOLOGÍA EXPERIMENTAL** 756 páginas
ISBN	0861	P.E.H. Barratt	**FUNDAMENTOS DE LOS MÉTODOS PSICOLÓGICOS** 214 páginas
ISBN	1200	John R. Bergan James A. Dunn	**PSICOLOGÍA EDUCATIVA** 672 páginas
ISBN	0862	D.W.F. Brown	**ACTIVEMOS LAS MENTES** Introducción a la pedagogía moderna 352 páginas
ISBN	0863	Arnold H. Buss	**PSICOLOGÍA GENERAL** 796 páginas
ISBN	1526	Agustín Caso Muñoz	**PSIQUIATRÍA** 2ª edición 1104 páginas
ISBN	0866	R.A. Champion	**PSICOLOGÍA DEL APRENDIZAJE Y DE LA ACTIVACIÓN DEL APRENDIZAJE** Temas básicos de psicología 158 páginas
ISBN	0867	Irvin L. Child	**PSICOLOGÍA HUMANÍSTICA Y LA TRADICIÓN EXPERIMENTAL** 216 páginas

ISBN	0165	Robert Craig William Mehrens Harvey Clarizio	**PSICOLOGÍA EDUCATIVA CONTEMPORÁNEA** **Concepto, temática y aplicaciones** 594 páginas
ISBN	0868	Gerald G. Davison John M. Neale	**PSICOLOGÍA DE LA CONDUCTA ANORMAL** 728 páginas
ISBN	0869	Robyn M. Dawes	**FUNDAMENTOS Y TÉCNICAS DE LA MEDICIÓN DE ACTITUDES** 194 páginas
ISBN	0870	R.H. Day	**PSICOLOGÍA DE LA PERCEPCIÓN HUMANA** **Temas básicos de psicología** 228 páginas
ISBN	0047	Gabriel Della Piana	**CÓMO COMUNICARNOS CON LOS NIÑOS** 186 páginas
ISBN	1381	Idella M. Evans Ron Murdoff	**PSICOLOGÍA PARA UN MUNDO CAMBIANTE** 688 páginas
ISBN	1754	Philip Feldman Jim Orford	**PREVENCIÓN Y SOLUCIÓN DE PROBLEMAS PSICOLÓGICOS APLICANDO LA PSICOLOGÍA SOCIAL** 512 páginas
ISBN	1713	Genoveva Flores Villasana	**PROBLEMAS EN EL APRENDIZAJE** 106 páginas
ISBN	0101	Robert E. Grinder	**ADOLESCENCIA** 580 páginas

ISBN 0994 Morton Kissen **DINÁMICA DE GRUPOS Y PSICOANÁLISIS DE GRUPO**
408 páginas

ISBN 1372 Robert M. Liebert
John M. Neale **PSICOLOGÍA GENERAL**
604 páginas

ISBN 0873 Gardner Lindzey
Calvin S. Hall
Martin Manosevitz **TEORÍA DE LA PERSONALIDAD**
384 páginas

ISBN 0874 León Mann **ELEMENTOS DE PSICOLOGÍA SOCIAL**
Temas básicos de psicología
200 páginas

ISBN 0135 John W. McDavid
Herbert Harari **PSICOLOGÍA Y CONDUCTA SOCIAL**
524 páginas

ISBN 0143 Gene R. Medinnus **ESTUDIO DE OBSERVACIÓN DEL NIÑO**
182 páginas

ISBN 0875 David Monroe Miller **RESULTADOS DE PRUEBAS PSICOLÓGICAS**
Interpretación estadística
190 páginas

ISBN 1758 Roberto Navarro Arias **PSICOENERGÉTICA**
304 páginas

ISBN 1336 Newman y Newman **DESARROLLO DEL NIÑO**
576 páginas

ISBN 1177 E. Lakin Phillips **ORIENTACIÓN Y PSICOTERAPIA**
380 páginas

ISBN 1558 Thomas J. Quirk **MÉTODOS DE INVESTIGACIÓN EN PSICOLOGÍA**
340 páginas

ISBN	1645	John Radford Davis Rose	**ENSEÑANZA DE LA PSICOLOGÍA** Métodos, áreas y aplicaciones 424 páginas
ISBN	1825	Alan O. Ross	**TERAPIA DE LA CONDUCTA INFANTIL** 516 páginas
ISBN	0979	James M. Royer Richard G. Allan	**PSICOLOGÍA DEL APRENDIZAJE** 204 páginas
ISBN	1487	David E. Rumelhart	**INTRODUCCIÓN AL PROCESAMIENTO HUMANO DE LA INFORMACIÓN** 316 páginas
ISBN	0876	Irwin G. Sarason	**PERSONALIDAD** Un enfoque objetivo 520 páginas
ISBN	1285	Harvey Richard Schiffman	**LA PERCEPCIÓN SENSORIAL** 456 páginas
ISBN	1867	Angell O. de la Sierra	**BOCETOS PARA UNA BIOPSICOSOCIOLOGÍA** 208 páginas
ISBN	2971	Robert L. Thorndike	**PSICOMETRÍA APLICADA** 460 páginas
ISBN	0877	P. Van Sommers	**BIOLOGÍA DE LA CONDUCTA** Temas básicos de psicología 208 páginas
ISBN	0075	Ismael Vidales	**PSICOLOGÍA GENERAL** 264 páginas

ISBN   0046   Murray Webster Jr.   **TEORÍA   DE LA**
                Bárbara Sobieszek   **AUTOEVALUACIÓN**
                                        Estudio experimental de
                                        psicología social
                                        272 páginas

ISBN   1765-6 Gregori A. Kimble   **FUNDAMENTOS DE**
                                        PSICOLOGÍA GENERAL
                                        728 páginas

ISBN   2168-8 Antoni Gale   **PSICOLOGÍA Y**
                                        PROBLEMAS SOCIALES
                                        408 páginas

ISBN   3267   Raúl Calderón   **EL NIÑO CON**
                González   **DISFUNCIÓN**
                                        CEREBRAL
                                        Trastornos del
                                        lenguaje, aprendizaje
                                        y atención en el niño
                                        248 páginas

3/94

ESTA OBRA SE TERMINÓ DE IMPRIMIR EL DÍA
11 DE ENERO DE 1993, EN LOS TALLERES DE
PRINOMEX, POPOCATÉPETL NÚM. 50
COL. PARAJE SAN JUAN, IZTAPALAPA
MÉXICO, D.F.

LA EDICIÓN CONSTA DE 3000 EJEMPLARES
Y SOBRANTES PARA REPOSICIÓN

505